U0499449

国家自然科学基金项目成果·管理科学文库

A Study on the Adoption of Auto Manufacturers' Per-Use
Rental Models and Product Design Strategies

# 汽车制造商分时租赁模式采用及产品设计策略研究

万谧宇 著

中国财经出版传媒集团

经济科学出版社
Economic Science Press

·北 京·

**图书在版编目（CIP）数据**

汽车制造商分时租赁模式采用及产品设计策略研究/
万谧宇著 . ––北京：经济科学出版社，2023. 12
ISBN 978 – 7 – 5218 – 5360 – 5

Ⅰ. ①汽⋯ Ⅱ. ①万⋯ Ⅲ. ①汽车 – 租赁业务 – 研究
– 中国②汽车 – 设计 – 研究 – 中国 Ⅳ. ①F426. 471
②U462

中国国家版本馆 CIP 数据核字（2023）第 215675 号

责任编辑：崔新艳
责任校对：刘　昕
责任印制：范　艳

**汽车制造商分时租赁模式采用及产品设计策略研究**
QICHE ZHIZAOSHANG FENSHI ZULIN MOSHI CAIYONG JI CHANPIN SHEJI CELÜE YANJIU
万谧宇　著
经济科学出版社出版、发行　新华书店经销
社址：北京市海淀区阜成路甲 28 号　邮编：100142
经管中心电话：010 – 88191335　发行部电话：010 – 88191522
网址：www. esp. com. cn
电子邮箱：espcxy@ 126. com
天猫网店：经济科学出版社旗舰店
网址：http：// jjkxcbs. tmall. com
北京季蜂印刷有限公司印装
710 × 1000　16 开　11. 5 印张　200000 字
2023 年 12 月第 1 版　2023 年 12 月第 1 次印刷
ISBN 978 – 7 – 5218 – 5360 – 5　定价：58. 00 元
（图书出现印装问题，本社负责调换。电话：010 – 88191545）
（版权所有　侵权必究　打击盗版　举报热线：010 – 88191661
QQ：2242791300　营销中心电话：010 – 88191537
电子邮箱：dbts@ esp. com. cn）

# 国家自然科学基金项目成果·管理科学文库

# 出版说明

经济科学出版社自 1983 年建社以来一直重视集纳国内外优秀学术成果予以出版。诞生于改革开放发轫时期的经济科学出版社，天然地与改革开放脉搏相通，天然地具有密切关注经济、管理领域前沿成果、倾心展示学界翘楚深刻思想的基因。

改革开放 40 年来，我国不仅在经济建设领域取得了举世瞩目的成就，而且在科研领域也有了长足发展。国家社会科学基金和国家自然科学基金的资助无疑在各学科的基础研究与纵深研究方面发挥了重要作用。

为体系化地展示国家社会科学基金项目取得的成果，在 2018 年改革开放 40 周年之际，我们推出了"国家社科基金项目成果经管文库"，已经并将继续组织相关成果纳入，希望各成果相得益彰，既服务于学科成果的积累传承，又服务于研究者的研读查考。

国家自然科学基金在聚焦基础研究的同时，重视学科的交叉融通，强化知识与应用的融合，"管理科学部"的成果亦体现了相应特点。从 2019 年开始，我们推出"国家自然科学基金项目成果·管理科学文库"，一来向躬耕于管理科学及相关交叉学科的专家致敬，二来完成我们"尽可能全面展示我国管理学前沿成果"的夙愿。

本文库中的图书将陆续与读者见面，欢迎国家自然科学基金管理科学部的项目成果在此文库中呈现，亦仰赖学界前辈、专家学者大力推荐，并敬请给予我们批评、建议，帮助我们出好这套文库。

经济科学出版社经管编辑中心

2019 年 9 月

本书是国家自然科学基金项目"汽车共享效率提升策略及其福利影响研究：消费者行为、出行模式竞争与匹配阻塞（72362015）""基于分时租赁的汽车制造商商业模式采用与产品设计策略研究（72162018）"和江西省哲学社会科学重点研究基地项目"汽车分时租赁模式运营策略研究：从竞争与匹配阻塞的视角（22SKJD26）"的研究成果，同时受到江西省社科基金项目（21GL48）以及华东交通大学教材（专著）出版基金的资助

# 前言

　　汽车分时租赁模式（或称汽车共享）是出行领域重要的商业模式创新。该模式对于缓解交通压力、节约资源和丰富出行方式等方面都有重要意义，然而对于分时租赁实践中的现象和问题，现有理论尚难以回答。本书从实践中的基本事实出发，挖掘现实中的理论问题，并采用数理解析的方法进行研究。我国汽车分时租赁服务具有以下特征：分时租赁车辆的平均使用次数偏低；90%以上分时租赁车型为新能源汽车，而销售模式下新能源车销量仅占10%。首先，使用次数偏低抑制了单辆车盈利水平，从而影响企业的分时租赁模式采用策略。其次，后一特征说明商业模式会影响企业的车型选择，分时租赁模式下企业更倾向于选择更加环保的车型。因此，上述现象可以提炼以下问题：为什么分时租赁模式的车辆使用次数偏低？在什么条件下，汽车分时租赁模式才是企业较好的选择？什么车型设计较适于汽车分时租赁模式？分时租赁模式下企业倾向于选择什么样的车型设计？这些问题分别对应本书四个核心章节。前两个问题与分时租赁模式采用策略有关，后两个问题可以通过产品设计模型进行研究。又由于现实中汽车制造商在商业模式采用和产品设计上起到决定性作用，因此，本书研究汽车制造商分时租赁模式采用及产品设计策略问题。

　　本书研究目标是通过研究合理的商业模式采用和产品设计策略，

实现企业与环境的共赢。为实现该目标，将上述核心问题划分为以下研究步骤：先从消费者行为视角研究分时租赁车辆使用次数偏低的原因，讨论分时租赁的基本特征，为后文构建理论基础；然后探讨分时租赁模式采用策略，并论证企业采用分时租赁能够同时改善利润和环境；最后将产品设计与分时租赁结合，论证分时租赁模式能够帮助企业改善利润，同时激励企业设计更有利于环境的产品。下面对各核心章（第3章～第6章）的研究思路、方法和结论进行概述。

第3章为基于消费者出行选择行为的汽车分时租赁模式分析。该章从消费者出行选择行为入手，通过研究分时租赁与网约车、私家车出行模式间相互关系，解释分时租赁车辆使用次数偏低的原因。基于租车与购车间消费者决策的内在矛盾，该部分构建了消费者出行模式决策的最优停止模型。研究发现，分时租赁与其他出行方式是互补关系，即分时租赁适于中等里程出行，网约车适于短里程出行。出行模式间关系限制了分时租赁车辆的使用次数。分时租赁模式存在合并效应，即由于消费者共用汽车，一辆车能够满足多个人的用车需求，从而降低车辆总供给数量。通过提升服务率和服务时间稳定性，企业能够提升分时租赁的合并效应。

第4章为基于演化博弈的汽车制造商分时租赁模式采用策略。该章从新能源车补贴、新能源车技术水平和分时租赁特征的视角，探讨制造商的分时租赁模式采用策略问题。该部分构建了政府新能源车补贴决策与企业商业模式采用决策的演化博弈模型。研究发现，制造商在合并效应较大时会采用纯租赁和混合模式，合并效应较小时采用销售模式。政府只在新能源车技术水平相对较低的情况下才会进行新能源车补贴，补贴能够促使纯租赁模式向混合模式转化，也能增加销售模式的可行区域，但不能促使销售模式转化为纯租赁或混合模式。分时租赁有利于实现企业与政府的共赢以及新能源车的推广。

第5章为考虑新能源车特征的汽车制造商分时租赁模式采用及

产品设计策略。该章利用电池衰减原理构建电池衰减模型，并在消费者效用中刻画新能源车充电不便捷和衰减快的特征。通过优化新能源车初始容量、电池衰减率和衰减总量，研究产品设计策略问题。研究发现，销售模式下，充电不便捷性是阻碍新能源汽车推广的重要因素，分时租赁模式能帮助避免充电不便捷性，故有利于新能源车推广。当合并效应较大时，分时租赁模式能够激励企业设计电池衰减总量更小的新能源车型，这有利于新能源车型的改进，从而有利于环境。当电池衰减总量中等或较高时，混合模式或纯租赁更有利于利润。分时租赁能够改善企业利润和改进新能源车设计，其必要条件是合并效应较大。

第 6 章为考虑产品线的汽车制造商分时租赁模式采用及产品设计策略。该章将产品质量分为性能质量和环境质量，从产品线策略的角度，探讨分时租赁与产品设计间关系问题。考虑自有平台和第三方平台两种分时租赁方式，构建销售、纯租赁和混合模式下企业产品设计模型，通过比较最优策略与利润推导实现共赢的条件。研究发现，同品牌产品间竞争的加剧和合并效应的增大都会激励企业设计性能更好的产品而忽略其环境表现。分时租赁模式能同时改进利润与产品环境表现，但存在条件：当消费者价格敏感性较低时，产品使用成本高且合并效应小是分时租赁模式实现同时改进的条件；当消费者价格敏感较高时，使用成本低且合并效应小则是同时改进的条件。

# 目 录

CONTENTS

# 第1章 绪 论

## 1.1 研究背景与意义

### 1.1.1 研究背景

汽车分时租赁作为出行领域的重要商业模式创新，正逐步得到重视。2017年交通运输部发布《关于促进汽车租赁业健康发展的指导意见》，指出：汽车分时租赁（也称汽车共享），是以分钟或小时等为计价单位，利用网络服务平台，为用户提供自助式车辆预订、车辆取还、费用结算为主要方式的汽车租赁服务。中国是世界上最大的分时租赁出行市场之一（Grosse-Ophoff A et al.，2017）。华经产业研究院《2021—2026 年中国汽车租赁行业全景评估及投资规划建议报告》显示，中国汽车经营租赁市场规模超过 600 亿元。戴姆勒、上汽、北汽等主流汽车制造商纷纷入局分时租赁市场。交通运输部及各级政府部门相继出台了一系列分时租赁的激励政策。比如，交通运输部、住房城乡建设部联合发布了《关于促进小微型客车租赁健康发展的指导意见》，明确鼓励分时租赁业务发展，而北京、上海、武汉等城市均明确表示支持的态度。

虽然分时租赁受到市场青睐与政策支持，但分时租赁模式发展仍然遇到困境。2018 年，共享汽车市场出现"倒闭潮"现象，TOGO、易卡、友友用车、EZZY 等多个共享汽车品牌退出市场；2019 年戴姆勒和宝马宣布退出北美共享汽车市场，并收缩欧洲业务；2020 年《法治周末》揭露了"共享汽车坟场"现象（宋媛媛，2020）；2021 年，知名分时租赁平台 Gofun 大量裁员。为探究困境原因，本书从关键运营数据进行观察。对疫情前订单量数据进行估算得出，2019 年初分时租赁平台 EVCARD 投入车辆规模为 4.2 万辆，日订单量接近 10 万单①，这说明每辆车每天平均被使用 2.4 次，而 EVCARD《2018 分时租车人群大数据报告》显示，70% 分时租赁汽车单次使用时长在 1 小时以内。GoFun 分时租赁平台公布的数据显示，其单辆车日订单量为 3.5②。EVCARD 和 GoFun 是活跃用户排名靠前的分时租赁品牌，两企业疫情前的数据具有代表性。分时租赁车辆的使用次数不仅直接影响盈利状况，而且也决定了分时租赁的社会价值（比如提升车辆资源利用率等）。显然，分时租赁车辆的平均使用次数偏少。该现象中有两个问题值得深思：分时租赁的车辆使用次数为什么偏低？在什么条件下，分时租赁模式才是企业较好的选择？本书通过合并效应研究使用次数偏低的问题。合并效应③是指由于消费者共用汽车，一辆车能够满足多个人的需求，从而降低车辆总供给数量的效应（Bellos I et al.，2017；Agrawal V V and Bellos I，2017）。该效应反映了分时租赁的"共享"特征，其程度能够反映车辆使用次数和利用率。

分时租赁模式与车型设计之间具有联系，不同商业模式下企业倾向于选择不同设计的车型。在国内，分时租赁的车型中 90% 以上为新能源汽车④。然而，销售模式下新能源汽车销量占比不到 10%。公安部数据显示，截至 2023 年 9 月，全国机动车保有量达 4.3 亿辆，新能源汽车仅有 1821 万辆，而且，分时租赁下大部分新能源车型续航里程较短，比如 EVCARD 平台提供的 13 款车型中，仅荣威 ERX5 和荣威 Ei5 等 3 款车型续航里程为 300 公里左右，其他车型续航里程在 150 公里左右。而销售模式下主流新能源车平均续航里程已达 360 公里⑤。该现象说明不同商业模式下企业选择的车型在产品设计上存在区

① 杨雅茹. EVCARD 曹光宇：2019 年将实行精细化运营，拓展至全国百城 ［DB/OL］. 亿欧网，https：//www. iyiou. com/news/2019010889549，2019 – 01 – 08.

② 相欣. 共享汽车平台 GoFun 宣布车辆规模超 3 万辆，单车日订单量达 3.5 单 ［DB/OL］. 腾讯科技，https：//36kr. com/newsflashes/117040，2018 – 04 – 27.

③ 汽车分时租赁中，该效应实际上是将消费者的用车需求合并起来，从而用少量的车集中满足所有人的需求，因此，本书译为合并效应。合并效应的存在说明单位时间内一辆车被多人使用，故合并效应越大，车辆使用次数越多。合并效应并不只存在于理论：TOGO 发布的《中国一线城市共享汽车出行分析报告》指出，在北京地区，共享汽车平均使用频次为 5.1，并且曾经在一天内一辆车被 5 人使用 7 次。这说明一辆分时租赁车能满足多人需求，故现实中合并效应存在。

④ 第一财经. 交通部专家：我国分时租赁车辆 90% 以上为新能源车 ［DB/OL］. 搜狐网，https：//www. sohu. com/a/163466604_194241，2018 – 07 – 20.

⑤ 恒大研究院. 2019 中国新能源汽车发展报告 ［DB/OL］. 券商中国，https：//m. thepaper. cn/baijiahao_4495025，2019 – 09 – 22.

别，分时租赁模式更倾向于短里程的设计，销售模式则更倾向于长续航里程设计。国际上，主流汽车制造商的分时租赁服务较多采用新能源车型和燃油效率较高（即排放污染较小）的车型，比如，通用公司采用 Volt 和 Spark 等车型，BMW 则采用 BMW i3 和 Mini Cooper（Bellos I et al.，2017）车型。与传统销售模式下相应品牌的主力车型相比，分时租赁车型的设计更加偏向于环保。而从另一角度看，不同车型设计适用的商业模式也有区别。电池是新能源车与传统汽车在产品设计上的主要差别，销售模式下电池技术会给消费者带来不便，但汽车分时租赁模式能帮助消费者避免这些不便之处。咨询公司盖世汽车发布的《新能源汽车商业模式创新研究》报告显示，电池成本过高、充电不便捷等是新能源车用户体验中的痛点。报告指出，合理商业模式创新有利于解决该问题。由于分时租赁模式下企业负责车辆充电等运营工作，并且承担电池折旧成本，所以该模式一定程度上能够缓解新能源车的痛点。由此可知，不同产品设计（或车型设计）的汽车适合不同商业模式，而不同商业模式下企业也倾向于选择不同设计的车型。那么，什么种类的车型设计适合于汽车分时租赁模式？分时租赁模式下企业又倾向于选择哪种车型？这是值得研究的问题。因此，本书研究了汽车分时租赁模式与汽车产品设计的相互作用，并探讨分时租赁对利润和环境的影响。

### 1.1.2　研究意义

1. 理论意义

（1）分时租赁有别于传统租赁模式，本书的研究能够丰富和发展租赁理论。分时租赁模式与传统租赁模式的区别在于：分时租赁模式更具有灵活性，而灵活性会给消费者带来价值。以出行为例，消费者用车需求具有不确定性，若购车后消费者的用车需求程度突然下降，那么消费者必然要承担相应的损失（比如车辆闲置）。而租车则能帮助消费者避免该风险。比如，在需求不稳定时消费者先租车并等待到用车需求稳定再决定是否购车。所以，在需求不确定时，租车的灵活性给消费者带来了额外的价值（即避免风险）。当灵活性较小时（对应于传统租赁模式），灵活性的价值不足以影响消费者的行为，而当灵活性较大时（对应于分时租赁模式），灵活性的价值将改变消费者的行为。因此，传统租赁理论不能完全适用于分时租赁实践，本书研究具有理论意义。

（2）汽车分时租赁模式关键特征的理论基础亟待完善，本书有利于完善分时租赁模式的理论基础。合并效应反映了分时租赁的"共享"特征，是销售模式与分时租赁模式关键的区别。以往文献中都将该效应作为外生参数，本书构建消费者行为模型，从消费者行为角度解释该效应产生的机理，故本书对于分时租赁理论具有完善的作用。

（3）汽车制造商商业模式采用理论研究相对缺乏，尤其是我国新能源车补贴政策背景下相关理论较少，这不利于理论与实践的相互促进。《法治周末》的报道显示，制造商采用分时租赁模式的动机之一即新能源车补贴。现有运营管理文献较少关注此动机，本书将新能源车补贴、技术水平等因素结合研究，这有利于完善商业模式采用理论。

（4）分时租赁模式与汽车产品设计之间的关系并未得到充分研究，本书对该理论有补充和扩展的作用。一些学者发现，分时租赁模式与汽车设计存在影响关系，比如 I. 贝洛斯等（Bellos I et al.，2017）发现戴姆勒和宝马汽车在分时租赁模式中往往设计并采用燃油效率更高的车型，并对这一现象提出理论解释。但其理论无法解释"Car2go 引入 CLA 和 GLA 等高端车型替代燃油效率较高的 Smart 车型"的现象，这说明该理论研究不够完善。从新能源车型特点来看，新能源车型存在充电不便捷和电池折旧等问题，虽然这是影响新能源汽车推广的主要问题，但只有较少文献将这些特征与分时租赁模式联系起来进行研究。本书将研究分时租赁模式对这些具体特征设计的影响问题，这也对相关理论具有延伸作用。

2. 现实意义

本研究是以利用分时租赁模式实现企业和环境共赢为目标。依据上述现象，研究以下基本问题：汽车制造商的分时租赁模式采用策略问题；分时租赁模式与汽车产品设计之间相互影响问题。考虑到汽车制造商在分时租赁模式中的重要作用[①]，而且制造商在汽车产品设计上具有主导地位，因此，本书研究

---

①　主流分时租赁平台都有制造商背景，比如活跃用户排在前两位 Gofun 和 Evcard。而且汽车制造商在商业模式采用决策中具有主导地位，比如，上汽集团将"共享化"定为其"新四化"战略的重要一环，这说明制造商主动选择"共享"商业模式。

汽车制造商分时租赁模式采用及产品设计策略问题。由于现实中大部分分时租赁车型为新能源汽车，故本书研究内容多与新能源车有关。本研究具有现实意义。(1) 分时租赁模式从目前来看并不成功，其中关键因素及因素之间的内在机理亟待研究。在共享单车失败之后，共享汽车负面新闻频出，比如，具有300 万注册用户的 TOGO 陷入退款危机、Car2go 退出中国等。本书有助于深入研究分时租赁模式中存在的问题并提供解决思路。(2) 新能源汽车的电池技术会给消费者带来不便，这影响了新能源车推广，本书的研究有利于该问题的解决。新能源汽车销量占比仅不到 10%，与电池技术给消费者带来的充电不便捷性和电池衰减等成本有关。由于汽车分时租赁模式下企业负责车辆充电等维护并承担电池衰减成本，这能够较好地缓解新能源车的短板，故利用汽车分时租赁模式促进新能源汽车推广，是一个可行的思路。(3) 针对分时租赁模式提出的支持政策，缺乏运营层面的理论支撑。例如成都 2017 年实施的《关于鼓励和规范新能源汽车分时租赁业发展的指导意见》，该政策包括网络建设、基础设施支持、责任分摊等方面，支持力度很大，主要是为分时租赁扫清基建等方面的障碍。但分时租赁模式受多因素影响，基建等只是其中一部分因素，运营因素也有重要影响。本书研究有助于更全面地揭示分时租赁模式政策的作用，为制定组合政策提供参考。

## 1.2　研究目标、内容与方法

### 1.2.1　研究目标

本书的研究目标是探讨商业模式采用和产品设计策略的运营机理，分析分时租赁模式的影响，找到企业与环境共赢的条件。具体来说：(1) 从消费者行为视角构建分时租赁模式的微观理论基础，研究分时租赁的基本特征，并论证分时租赁存在合并效应；(2) 结合新能源车补贴、新能源车技术和分时租赁特征，分析制造商的分时租赁模式采用策略，论证分时租赁模式能够改善利润和环境，并分析其共赢条件；(3) 针对新能源车电池技术的短板（即电池容量衰减等），研究各模式下制造商的最优产品设计策略，并探讨分时租赁模式同时改进利润和产品设计的条件；（4）考虑制造商同时生产两种产品，分析不同商业模式下的产品设计策略，探讨分时租赁模式实现利润与环境共赢的条件。

## 1.2.2 研究内容

本书主要研究以下四部分内容，分别对应四个核心章节。各章节间基本逻辑为：理论基础—分时租赁采用策略—分时租赁采用策略与产品设计策略结合，其中理论基础的部分从消费者行为角度进行研究，分时租赁与产品设计结合的部分划分为两个章节，分别研究单产品（侧重于新能源车特征）和多产品（侧重于产品线）背景下分时租赁与产品设计的相互影响，因此，各章节保持递进关系。具体研究内容如下。

1. 基于消费者出行选择行为的汽车分时租赁模式分析

本部分内容为后文的基本假设提供理论基础。本部分从消费者微观行为入手，构建消费者出行模式选择行为的最优停止模型；然后由微观行为推导分时租赁中消费者行为的均衡；最后，证明合并效应的存在，并求解合并效应存在的条件。由合并效应含义可知，合并效应是反映车辆利用率的一个指标，即合并效应越大，车辆利用率越高。本书通过这一指标研究车辆使用次数偏低的问题。

2. 基于演化博弈的汽车制造商分时租赁模式采用策略

本部分内容探讨政府补贴和技术水平等因素对分时租赁模式采用的影响。首先，在销售模式、纯分时租赁和混合模式下，构建企业的最优决策模型，比较各模式下企业利润。其次，基于企业利润，构建企业商业模式与政府补贴的支付矩阵，并求解演化博弈模型，推导出企业采用分时租赁的条件。最后，分析分时租赁模式同时实现企业利润改进、政府收益改进以及新能源车推广的条件。

3. 考虑新能源车特征的汽车制造商分时租赁模式采用及产品设计策略

本部分内容关注单产品背景下分时租赁模式与新能源汽车设计之间的相互影响。与传统燃油汽车相比，新能源汽车存在充电不便捷和电池折旧快的缺陷。由于新能源车的短板主要来自电池技术，而且电池是消费者关注的首要因素，所以本部分内容中产品设计主要指电池设计。首先通过电池衰减原理，构建电池衰减模型，并以此为基础，将初始容量和衰减率作为设计的内容。其次，构建企业最优设计决策模型，得到各模式下最优设计策略。再次，比较各模式对产品设计的影响，得到企业利润和环境共赢的条件。

4. 考虑产品线的汽车制造商分时租赁模式采用及产品设计策略

本部分内容考虑制造商同时生产两种车型的情况，研究商业模式与两种车型设计之间的相互影响。根据问题的特点，应该采取产品线模型进行研究；又根据对实际案例的观察，研究中侧重于刻画企业对汽车性能表现与环境表现之间的取舍，故本部分内容中产品设计主要指性能质量和环境质量的设计。具体来说，首先，考虑商业模式间的区别，构建消费者分时租赁和销售模式下的效用函数，利用消费者自选择模型描述消费者在不同产品和不同商业模式之间的取舍。其次，将汽车质量按属性划分为性能质量和环境质量，并考虑合并效应，构建制造商各商业模式下的利润函数，得到各商业模式下制造商的最优产品设计策略。再次，以最优决策为基础，比较各商业模式下企业利润和产品环境质量，推导出企业与环境共赢的条件。

## 1.2.3 研究方法

本书主要采用以下三种理论方法进行研究。

（1）最优停止理论。为了更详细地刻画消费者行为，本书在第3章中采用较有特色的理论方法——最优停止理论。采用此方法的理由为：由于车辆价格贵且使用时间长的特点，消费者并不是需要用车时立即购车，而是会等待最优的购车时机。比如，艾瑞咨询发布的《2017年中国首购车用户营销研究报告》显示，78.9%的消费者选择婚后首次购车，52.1%的消费者选择事业小有成就的时机购车，这说明消费者确实在等待特定时机买车，而且这种现象非常普遍。所以购车行为常用最优停止模型描述（De Lapparent M and Cernicchiaro G, 2012；Cirillo C et al., 2015；Liu Y and Cirillo C, 2018），即分时租赁相当于最优停止理论中的等待决策，而购车对应于停止决策（即停止使用分时租赁）。因此，该模型较适于研究消费者出行选择行为，其所获得的消费者行为结论得到了实际数据的支撑。

（2）演化博弈。本书考虑了政府与企业间的博弈，现实中两者间的博弈具有动态化特征，比如新能源车补贴退坡现象，这需要采取动态博弈方法描述。而该部分企业的策略集合与政府策略集合都为离散，如企业可以选择的商业模式集合即是离散的集合，这符合演化博弈的框架，故演化博弈是较为合适的方法。演化博弈方法常被应用于分析政府与企业间的博弈（潘峰等，2015；曹国华和杨俊杰，2016；曹霞，2018）。具体来说，由于该部分考虑企业有三种商业模式可选，故此处为三阶演化博弈模型。

（3）产品线模型。本书第 6 章中考虑的问题本质上是个产品线问题。现实中企业常常面对这样一类问题：为了攫取最大利润，企业希望针对不同消费者制定不同价格（即价格歧视）。但在信息不对称的情况下，由于企业不知道每个消费者的类型，价格歧视无法实施。产品线模型常被应用于解决该问题（Desai P S，2001；李善良等，2005）。传统产品线模型的解决思路是，企业提供多种质量的产品给消费者选择，让消费者在选择中暴露自己的类型，从而实施价格歧视。本研究考虑了同类型的问题：企业可以提供多种商业模式让消费者选择，从而了解消费者类型并获利。因此，产品线模型方法较适合本研究内容。

# 1.3　研究思路、技术路线与创新点

## 1.3.1　研究思路

为完成"利用分时租赁模式实现利润与环境双赢"的研究目标，本书总体思路是将整个问题分为几个小问题，以逐步递进的思路进行研究。首先，研究分时租赁模式的基本特征，从消费者行为角度构建分时租赁理论的微观基础，解释分时租赁车辆使用次数偏低的原因。该部分为其他内容提供理论基础。其次，考虑企业的分时租赁采用策略，并验证分时租赁对企业和环境的双赢作用。再次，将分时租赁与产品设计相结合，验证分时租赁不仅能改善企业利润，而且能激励企业改进新能源车设计。

（1）研究内容一（第 3 章）围绕的现实问题是"为什么分时租赁车辆使

用次数偏低"。本书采用数理解析方法研究该问题，具有一定难度，故本书需要一个切入点。根据观察，分时租赁模式仅是汽车出行体系中的一个组成部分，其发展必然会受到网约车等出行模式的影响。而出行模式间关系最终都会表现在消费者选择行为上，所以本书选择消费者行为作为切入点，通过出行模式间关系的角度，解释分时租赁车辆使用率偏低的原因。为了更加准确地描述车辆使用率并为后文假设提供方便，本书引入合并效应这个概念，合并效应越大，车辆使用率越高。

（2）研究内容二（第 4 章）主要研究企业的分时租赁采用策略。基于对现实的观察，政策因素、技术因素以及分时租赁特征因素都是企业采用分时租赁模式的动因。分时租赁特征因素主要依据研究内容一的结论进行假设，技术因素可以通过充电不便捷成本进行刻画，而补贴因素受到政府主体决策的影响，所以必须采用博弈的方法。对于共赢条件的问题，主要通过最优决策和利润的比较进行判断。

（3）研究内容三（第 5 章）探讨新能源车设计与分时租赁的相互关系。基于新能源车的短板主要是电池技术的事实，该内容的关键点在于直接模拟电池衰减的具体特征，并提出相应产品设计策略。依据电池衰减模型构建消费者效用函数，并以此分析企业最优设计决策，最后通过比较各模式的最优利润与设计策略，判断共赢的条件。

（4）研究内容四（第 6 章）中，在企业生产两种产品的情况下，该内容研究分时租赁与产品设计的关系。根据第 1.1.1 节中的案例可知，企业更倾向于采用环境表现更好的车型进行分时租赁，将性能表现更好的车型用于销售。依此观察，本内容构建企业在环境质量与性能质量之间取舍的模型。又由于企业同时生产多种产品的问题本质上是产品线的问题，所以，本书先构建各商业模式下产品线模型，然后求解各模式下最优决策和利润，再通过比较利润和环境质量得出共赢的条件。

### 1.3.2 技术路线

研究技术路线如图 1-1 所示。

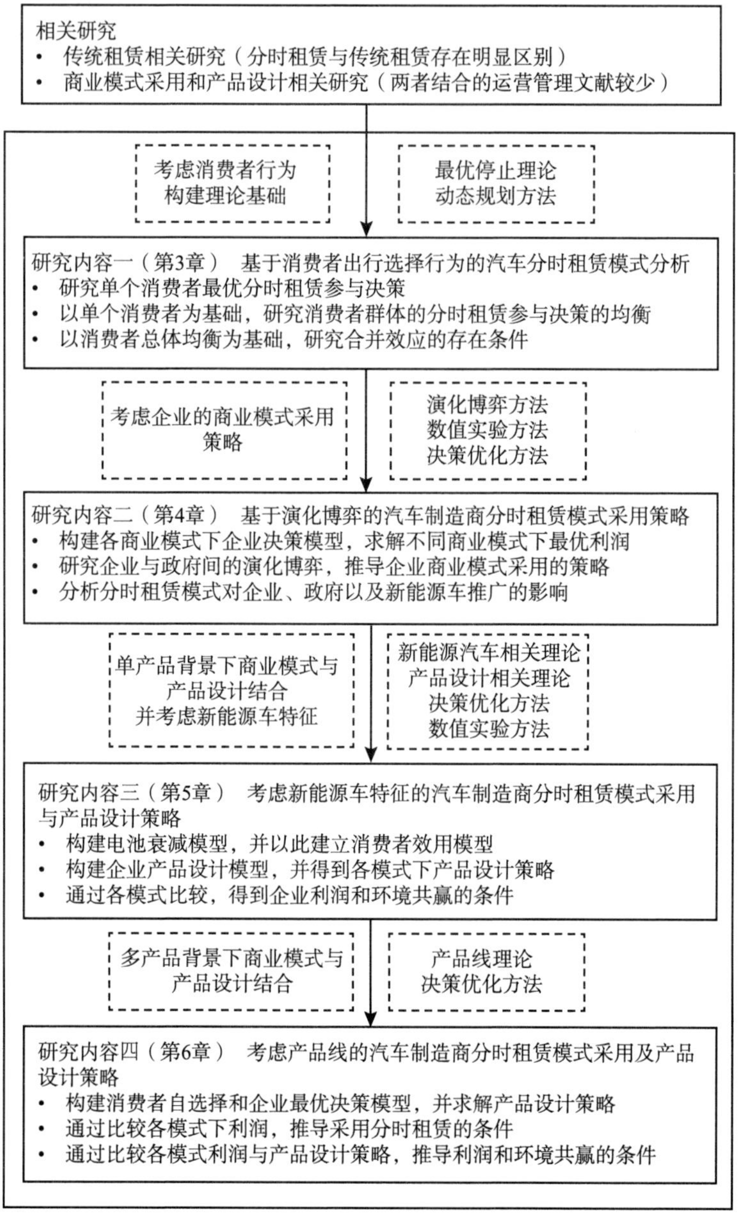

相关研究
- 传统租赁相关研究（分时租赁与传统租赁存在明显区别）
- 商业模式采用和产品设计相关研究（两者结合的运营管理文献较少）

考虑消费者行为
构建理论基础

最优停止理论
动态规划方法

研究内容一（第3章）　基于消费者出行选择行为的汽车分时租赁模式分析
- 研究单个消费者最优分时租赁参与决策
- 以单个消费者为基础，研究消费者群体的分时租赁参与决策的均衡
- 以消费者总体均衡为基础，研究合并效应的存在条件

考虑企业的商业模式采用
策略

演化博弈方法
数值实验方法
决策优化方法

研究内容二（第4章）　基于演化博弈的汽车制造商分时租赁模式采用策略
- 构建各商业模式下企业决策模型，求解不同商业模式下最优利润
- 研究企业与政府间的演化博弈，推导企业商业模式采用的策略
- 分析分时租赁模式对企业、政府以及新能源车推广的影响

单产品背景下商业模式与
产品设计结合
并考虑新能源车特征

新能源汽车相关理论
产品设计相关理论
决策优化方法
数值实验方法

研究内容三（第5章）　考虑新能源车特征的汽车制造商分时租赁模式采用
与产品设计策略
- 构建电池衰减模型，并以此建立消费者效用模型
- 构建企业产品设计模型，并得到各模式下产品设计策略
- 通过各模式比较，得到企业利润和环境共赢的条件

多产品背景下商业模式与
产品设计结合

产品线理论
决策优化方法

研究内容四（第6章）　考虑产品线的汽车制造商分时租赁模式采用及产品
设计策略
- 构建消费者自选择和企业最优决策模型，并求解产品设计策略
- 通过比较各模式下利润，推导采用分时租赁的条件
- 通过比较各模式利润与产品设计策略，推导利润和环境共赢的条件

**图 1 - 1　技术路线**

## 1.3.3　创新点

本书的创新之处，主要体现在以下四个方面。

（1）利用最优停止理论描述消费者分时租赁与购车之间的选择行为，从出行模式间关系的视角研究分时租赁车辆使用次数偏低的原因，论证了汽车分时租赁与网约车等出行方式为互补共存关系。由于研究内容一（第 3 章）的侧重点在于消费者行为，所以主要创新点也围绕消费者行为。首先，由于汽车价值高且使用时间长，购车与其他出行模式间选择具有投资决策的特征，故最优停止的分析框架常被采用（De Lapparent M and Cernicchiaro G，2012；Cirillo C et al.，2015；Liu Y and Cirillo C，2018）。以往分时租赁文献较少针对汽车出行领域，故对该特征有所忽略。这造成了两类文献间的空白地带，即较少文献深入研究分时租赁下的消费者出行选择行为。其结果是，现实出行数据中消费者出行特征（该特征的叙述请见第 3 章的引言部分）无法在分时租赁的文献中找到理论支撑，而支撑这些数据的理论又没有考虑分时租赁模式。该研究内容弥补这一理论空缺。其次，分时租赁车辆使用次数偏低是一个明显且重要的基本现象，但较少文献关注该现象。从汽车分时租赁、网约车与私家车出行模式间关系视角，本书构建了从微观到宏观的框架，即由消费者出行决策、交易成本、消费者间均衡、合并效应组成的一个框架，利用该框架论证了汽车分时租赁与网约车等出行方式间的互补共存关系，即汽车分时租赁较适于中等里程的出行，汽车分时租赁不会被其他汽车出行方式取代，但会被其他出行方式限制。相关结论得到了实际数据支撑，这是该部分的重要创新。

（2）从新能源车补贴、新能源车技术水平以及合并效应的视角，通过三阶演化博弈模型研究制造商分时租赁模式采用策略问题，论证了合并效应在分时租赁模式决策中的决定性作用。关注 2017～2019 年国内分时租赁模式的快速增长的文献较少，而社会各界对于汽车制造商（比如上汽、北汽）积极采用分时租赁模式的原因讨论较多，也就是说，学术理论相对滞后于经验理论。《法治周末》报道的"共享汽车坟场"现象（宋媛媛，2020）直接反映了新能源车补贴与分时租赁之间的正向关系，即由于新能源车技术水平低导致销量较低，所以制造商为了短期利润目标，将部分新能源车销售给分时租赁企业，从而追求新能源补贴。但短期目标无法解释上汽集团将"共享化"作为其"新四化"战略的原因。这说明短期目标仅是一个方面，若只参考该报道，难免一叶障目。本书利用从现象中提炼出来的框架，总结了三个动因，研究了各动因对分时租赁模式采用策略的影响，并发现补贴和技术水平仅是次要因素，合并效应是决定企业采用分时租赁的主要因素。

（3）将新能源汽车的电池容量与电池衰减速度的特征引入商业模式采用与产品设计策略问题，发现电池初始容量与电池衰减总量在设计过程中的互补作用。新能源汽车的痛点在于电池，以往运营管理文献较少具体分析电池容量等设计问题。本书深入刻画电池衰减过程，发现了电池初始容量与电池衰减总量的互补关系，即初始容量的上升能够弥补衰减总量的增加，反之亦然。该结论有助于理解实际现象，比如特斯拉将 18650 型电池替换为 21700 型电池的现象。产品设计是整个论文的主题，而第 5 章侧重于新能源车设计，因为新能源汽车设计的关键就是电池特征的设计，而分时租赁模式也是通过影响相关特征（比如避免充电不便捷成本），从而帮助新能源车推广，该创新点是第 5 章研究内容的理论基础，所以该创新点服务于本书主题，有利于解决本书的主要问题。

（4）从产品线视角分析商业模式与产品设计间相互关系，揭示同品牌产品间竞争效应与合并效应的共同影响。当企业同时生产多种产品时，同品牌产品间会存在竞争，该效应被称为产品间竞争效应（cannibalization effect）。现实中分时租赁也存在该效应，但该效应在销售模式下研究较多，在分时租赁下的研究较少。但分时租赁有独有的特征（比如合并效应）使销售模式下的文献无法适用于分时租赁，故有必要研究。从结论来看，该研究内容揭示了产品线背景下商业模式与产品设计相互作用的机理：合并效应能同时激励企业提升产品的性能质量和环境质量，但同品牌产品间竞争效应会扭曲该激励（或者说，影响激励在两种质量之间的分配）。具体来说，产品间竞争效应会抑制企业从环境质量中获得的边际收益，从而使企业追求更高的性能质量，而忽略产品的环境质量。

# 第2章 国内外相关理论与文献综述

首先，介绍分时租赁与产品设计相关理论；其次，综述租赁模式下运营管理有关文献；再次，综述产品设计相关研究；然后，总结其他相关文献，比如最优停止理论和演化博弈等；最后，对已有研究成果进行总结和述评。

## 2.1 相关理论

与本书密切相关的理论包括汽车分时租赁相关理论和产品设计相关理论。

### 2.1.1 汽车分时租赁相关理论

汽车分时租赁是出行领域中一种创新性的商业模式。为了清晰界定研究对象，在阐述汽车分时租赁概念之前，必须界定商业模式的内涵。以往文献对于商业模式的定义并没有统一，各类文献分别从盈利方式、战略与价值创造等维度对商业模式进行了解读（Stewart D W and Zhao Q，2000；Huizingh E K，2002；Porter M E，1996；Zott C et al.，2011）。结合本书的研究内容，本书采用价值创造角度的定义：商业模式是指企业在创造和传递价值过程中的各种业务流程及组织设计，以及企业对其他商业活动参与者关系的管理，关注企业的价值创造和价值传递活动及相应的支撑系统（成文等，2014）。由此可知，商业模式是一个抽象的总称，汽车出行领域有关的商业模式包括汽车分时租赁、网约车、传统销售模式等，汽车分时租赁属于商业模式中的一种模式。汽车分时租赁是利用"共享"的方式创造额外的价值，即通过共享提升车辆利用率，从而提升资源利用效率和企业盈利水平。本书聚焦于汽车出行领域的分时租赁模式，所以接下来着重阐述汽车分时租赁的相关理论。该相关理论的阐述包括概念、特征以及主要的理论成果。

首先，依据以往文献和报告等资料，总结汽车分时租赁的概念。根据 I. 贝洛斯等（2017）的观点，汽车分时租赁模式是指，在支付一定数量年费之后，消费者可以按照较短的时间间隔获取分时租赁车辆的使用权。与国外文献对汽车分时租赁的定义相比，交通运输部发布的《关于促进汽车租赁业健康发展的指导意见》中的定义更详细，也更符合我国的实践："分时租赁，也称为汽车共享，是以分钟或小时等为计价单位，使用9座及以下小型客车，利用移动互联网、全球定位等信息技术构建网络服务平台，为用户提供自助式车辆预订、车辆取还、费用结算为主要方式的汽车租赁服务，是传统汽车租赁业在服务模式、技术、管理上的创新，改善了用户体验，为城市出行提供了一种新的选择，有助于减少个人购车意愿，在一定程度上缓解城市私人小汽车保有量快速增长趋势以及对道路和停车资源的占用。"该定义非常详细且权威，但较为冗长。不同机构的分析报告也提出了汽车分时租赁的定义，这些定义较为简洁地把握了汽车分时租赁的特点。根据易观咨询发布的《中国汽车分时租赁市场白皮书2019》，汽车分时租赁是指"基于互联网和移动设备应用，以小时或分钟计费，随取随用随还自助式，满足人们碎片化用车需求的服务"。上述定义虽然表达方式不同，但实质内容都相同，所以均可用于定义汽车分时租赁概念。由于本书中仅讨论汽车出行领域的分时租赁，故后续章节中的分时租赁也指汽车分时租赁。

为了更深刻地理解汽车分时租赁的概念，先将网约车、销售模式与汽车分时租赁的概念进行比较。根据《网络预约出租汽车经营管理暂行办法》，网约车经营服务是指"以互联网技术为依托构建服务平台，整合供需信息，使用符合条件的车辆和驾驶员，提供非巡游的预约出租汽车服务的经营活动"。可以发现，汽车分时租赁与网约车的共同点在于，两者均依托于网络服务平台，提供租车出行服务。区别在于网约车需要提供司机，汽车分时租赁是自助式服务。传统销售模式是指以产品为核心、企业向消费者销售产品所有权的商业模式。与销售模式相比，汽车分时租赁模式是以服务为核心、企业向消费者销售产品使用权的商业模式。

其次，汽车分时租赁的特征。汽车分时租赁模式具有两个特征（Yan P et al.，2020）：（1）汽车分时租赁模式能够帮助企业吸引低使用水平的用户，这增加了潜在市场规模；（2）汽车分时租赁模式能够以更少的产品数量满足给定的使用需求。后一特征在相关文献中被总结为合并效应（pooling effect），即由于消费者共用汽车，一辆车能够满足多个人的需求，从而降低车辆总供给数量的效应（Bellos I et al.，2017；Agrawal V V and Bellos I，2016；Yu Y et al.，2018）。另外，该文献还指出汽车分时租赁存在一些不利之处。一方面，汽车分时租赁模式下企业拥有车辆，这产生持有成本并增加了运营成本；另一方面，汽车分时租赁模式无法满足所有的用车需求，只能保证一定比例的可获得性。

最后，相关理论成果。I. 贝洛斯等（2017）考虑了汽车分时租赁下企业在汽车动力性能与燃油效率之间的取舍。其理论认为汽车分时租赁的作用在于帮助企业区分消费者，实现价格歧视，同时汽车分时租赁与销售模式的差异能够帮助减小同品牌产品间竞争效应，从而使企业获利。对于燃油效率较高且动力性能较低的车型，企业偏向于采用汽车分时租赁模式，反之则采用销售模式。

有研究考虑了产品纵向细分下不同商业模式的定价问题，其中作者利用不同商业模式下产品质量的差异描述纵向细分（Yu Y et al.，2018）。其理论认为产品纵向细分影响了企业商业模式的采用，当产品差异程度在一个范围内时，企业会采用分时租赁；若高于该范围，企业不会生产分时租赁产品；低于该范围时，销售模式具有更高利润；在合并效应较大时，分时租赁下产品质量较高。

黄毅祥和蒲勇健（2018）研究了新能源汽车分时租赁市场中的价格战现象。其理论认为，在分时租赁市场中，个别企业的降价容易引起整个市场的价格战。因为对于新进入的企业，其最优策略是降低价格从而获得市场份额，而对于已存在的企业，最优的反应也是降低价格。

K. 拉达斯等（Ladas K et al.，2022）研究了销售模式与分时租赁模式，发现当交付成本不太高时，分时租赁模式优于销售模式；同时，分时租赁更有利于针对消费者的使用类型实施区别定价。

### 2.1.2    产品设计相关理论

M. 卢克斯等（Luchs M et al., 2011）将产品设计定义为，对人工制品离散属性集合的设计，该离散属性集合包括形式上的特性和功能上的特性，两者共同反映了产品的综合特性。随着环境保护的重要性逐渐提升，产品环境特性逐渐成为产品设计的主要内容之一，故绿色产品设计受到重视。S. 艾哈迈德等（Ahmad S et al., 2018）指出，80%产品的可持续性特征由产品设计阶段决定。G. 拉斯等（Raz G et al., 2013）通过 HP 公司的案例，将绿色产品设计的内容总结为材料创新（即减少材料的浪费和减小制造过程中环境的影响）、产品能源效率（改善产品能耗，节约资源）、可循环性（在设计阶段提升产品的可循环特性）。将上述定义和本书侧重点结合，本书中产品设计包括两方面：一是企业对产品性能特性和环境特性的设计；二是与新能源车有关的产品设计。因此，从两个角度进一步介绍相关理论。

首先，有学者研究了企业在性能质量与环境质量之间的产品设计问题（Chen C, 2001）。其理论的基本观点是，即使市场中绿色消费者会主动选择绿色产品，且企业能通过产品设计提升产品的环境质量，整体的产品环境质量也不一定会提高。其内在机理是，企业从提升环境质量中获得的边际收益，会受到普通产品的制约。所以，即使绿色消费者对绿色产品的支付意愿较高，其支付意愿的拉动作用也无法完全传递给企业，这使得总体环境质量无法提高。该观点也是此类文献的主线，相关高水平文献也以该理论为基础（Zhang Y et al., 2017）。该领域最新的文献研究了政府补贴对绿色产品设计的作用（Zolfagharinia H et al., 2023）。

其次，新能源车主要包括混合动力、纯电和燃料电池车型，但从国内发展趋势来看，纯电动汽车是主流，所以本书讨论的新能源车指纯电动汽车。M. K. 利姆等（Lim M K et al., 2014）研究了新能源车推广问题。其理论认为，新能源车的里程限制和转售焦虑是阻碍新能源车推广的主要问题，该问题的解决可以通过充电技术、电池租赁模式和改进电池三种手段。在转售焦虑较高的情境下，电池租赁模式能够有效推广新能源车。充电设施的完善能够促进推广并提升消费者剩余，但不利于企业利润。部分学者将新能源车电池的里程焦虑与换电站模式结合研究（Avci B et al.，2014）。其构建的理论认为，换电站模式能够将电池风险转移给企业，这促进了新能源车的推广。减排和降低燃油依赖是两个互斥的目标，减排效率更高的模式必然在降低燃油依赖上更低效。有学者采用排队网络模型研究了新能源汽车在分时租赁模式下的采用问题，发现政府应该通过收税提高租赁价格，这样更有利于环境（Abouee-Mehri-zi H et al.，2021）。

## 2.2　租赁商业模式下运营管理相关研究

按照租赁时间的长短，租赁模式可以分为传统租赁模式和分时租赁模式（Yu Y et al.，2018）。接下来按照两种租赁模式进行综述。其中，分时租赁模式又可分为 B2C 和 P2P 两类，故分时租赁相关文献的阐述分为 B2C、P2P 两个部分。

### 2.2.1　传统租赁模式下运营管理相关研究

传统租赁模式的研究可以追溯到 R. H. 科斯（Coase R H，1972）和 J. I. 布洛（Bulow J I，1982），他们认为，对于耐久品而言，租赁模式能够帮助企业避免时间的不一致性，从而帮助企业获得较高利润。P. 德赛和 D. 普罗希特（Desai P and Purohit D，1998）研究了销售和租赁模式下的产品细分策略，发现租赁模式的利润表现并不总是好于销售模式，如果耐用品贬值速度较快，销售模式比租赁模式更好。P. 德赛和 D. 普罗希特（1999）通过研究竞争与租赁模式的关系，发现租赁模式并不利于企业获得竞争优势。S. R. 巴斯卡兰和 S. M. 吉尔伯特（Bhaskaran S R and Gilbert S M，2005）在考虑互补品的背景下研究了耐用品制造商在销售模式和租赁模式之间的选择，认为销售模式下耐用品制造商会随着时间不断下调价格，而租赁模式却能够避免这一问题。S. R. 巴斯卡兰和 S. M. 吉尔伯特（2009）将渠道问题与商业模式采用问题结合，研究发现采用租赁模式会影响制造商渠道的选择。S. R. 巴斯卡兰和 S. M. 吉尔伯特（2015）进一步研究了渠道与商业模式结合中的制造商产品耐久性设计问题。他们发现渠道和商业模式共同影响了产品耐久性的设计，在渠道决策影响下销售模式的产品耐久性有可能高于租赁模式。V. V. 阿格拉沃尔等（Agrawal V V et al.，2012）研究了销售与租赁模式对环境的影响，发现租赁模式在一定条件下能够实现环境的改善。

梁喜等（2009）研究了零售和租赁背景下不同渠道结构对供应链的影响。刘宇熹和谢家平（2016）在再制造租赁的背景下研究了利用收益共享机制协调再制造企业的最优努力程度的问题。刘宇熹和谢家平（2018）研究了再制造企业实施租赁并承担维护等工作的情况下，通过收益共享契约实现供应链协调的问题。梁喜和谢水清（2011）研究了双寡头竞争环境下企业的商业模式采用问题，发现竞争不利于企业采用租赁模式。梁喜和熊中楷（2011）研究了租赁渠道对传统销售渠道的影响，认为回购式渠道结构对制造商和零售商都有利。李勇建和许垒（2012）研究了存在租赁商和制造商的供应链，提出协调租赁返回品再制造的惩罚激励策略。邵晓双和谭德庆（2015）研究了市场外部性与商业模式采用的问题，其通过构建两阶段模型发现，外部性增大，制造商会选择销售模式。杨爱峰等（2016）在再制造背景下研究销售与租赁的选择，通过比较租赁品再制造和销售品再制造的利润表现，论证了再制造策略能够提高企业利润。尹训东和许敏波（2017）研究了垄断市场中的耐用品租赁契约问题，发现消费者类型与厂商的承诺能力决定了租赁模式是否优于销售模式。

## 2.2.2　分时租赁模式下运营管理相关研究

分时租赁模式可以分为两类：一类是企业拥有产品的所有权，消费者向企业支付租赁价格的 B2C 模式；另一类是消费者拥有所有权，部分消费者向其他消费者提供租赁品的 P2P 模式。

1. B2C 分时租赁模式的相关研究

按照使用支付价格是分时租赁的主要特征，以往相关文献较为侧重于研究分时租赁中该价格机制的影响。在较早的价格决策研究中，部分学者研究了按照使用定价（usage pricing）的模式，该定价方式属于分时租赁模式（Essegaier S et al.，2002）。他们发现产量约束和消费者使用水平的异质性是影响企业选择按照使用定价方式的关键因素。随后该种定价方式被引入信息产品的实践中，有学者研究了固定支付方式与按照使用支付方式之间的最优选择，发现存在交易费用的情形下两种方式的结合有利于利润的提升（Sundararajan A et al.，2004）。S. M. 吉尔伯特等（Gilbert S M et al.，2014）研究发现，分时租赁模式作为企业价格歧视的手段，与销售模式存在差别。销售模式下企业更愿意针对消费者使用频率进行价格歧视，而分时租赁模式下企业更愿意针对高低端消费者进行价格歧视。部分研究认为交易成本是影响商业模式采用的关键因素，只要交易成本不是太高，分时租赁模式更有利（Balasubramanian S et al.，2015）。从出行领域来看，有学者针对汽车分时租赁模式进行研究，发现在市场纵向细分的场景下分时租赁能够得到更高的利润（Yu Y et al.，2018）。分时租赁模式下竞争演化和联盟定价的问题也受到关注，研究发现，企业在分时租赁模式中扩大市场份额的企图容易引发价格战，而分时租赁企业与电力公司之间的联盟则能带来更高收益（黄毅祥和蒲勇健，2018；黄毅祥等，2018）。张一进和张金松（2017）研究了政府对共享单车监管的演化博弈问题，发现共享平台网络效应的形成需要政府补贴和引导。万谧宇等（2022）研究了 B2C 分时租赁模式的效率问题，发现租赁系统的合并效应是影响该商业模式的关键因素。

2. P2P 分时租赁模式的相关研究

P2P 的分时租赁模式，即消费者与消费者之间的共享。T. A. 韦伯等（Weber T A et al.，2014）研究了共享经济中的道德风险问题，并提出利用保险解决道德风险问题的策略。T. A. 韦伯等（2016）研究了共享品定价问题，发现共享市场会增加新产品的价格，并且能够提升消费者剩余和社会福利。L. 埃纳夫等（Einav L et al.，2016）讨论了 P2P 共享市场中的市场机制以及监管等问题。有学者研究了消费者间共享对企业利润、消费者剩余和社会福利的影响，发现共享在一定条件下能够使企业和消费者均获利（Jiang B and Tian L，2016）。G. 泽瓦斯等（Zervas G et al.，2017）研究了爱彼迎（Airbnb）进入得克萨斯州市场的数据，发现爱彼迎的进入不仅改善了参与者的福利，而且增加了所有消费者的福利。研究发现，共享能够增加零售商的利润（Tian L and Jiang B，2018）。消费者总是能够从共享中获利，其中获利最大的一类消费者是在拥有产品和不拥有产品两种选择间效用无差异的消费者（Benjaafar S et al.，2018）。

有学者研究了不同商品与商业模式组合的运营策略问题，发现附加产品价值和质量差异化程度是 P2P 分时租赁模式的关键影响因素（Zhang Y et al.，2023）。

## 2.3　产品设计策略相关研究

该部分运营管理文献按照"产品设计（侧重单产品）—产品线设计（侧重多产品）—商业模式与产品设计相结合"的逻辑进行综述。

### 2.3.1　产品设计相关研究

产品设计的内涵较为广泛，与本书较为相近的产品设计文献包括耐用性设计和绿色产品设计两个方面。由于新能源车最关键的组件是电池，而电池设计的关键在于刻画电池衰减特征，这与耐用性有关。因此，本书新能源车设计的内容与产品耐用性设计文献最为相关。O. 柯尼希斯贝格等（Koenigsberg O et al.，2011）研究了产品耐用性设计的问题，考虑了使用量和使用时间两种耐用性，并分析了企业将产品设计为最大耐用性的条件。V. V. 阿格拉沃尔和 I. 贝洛斯（Agrawal V V and Bellos I，2016）将耐用品设计与企业营销策略结合，探讨了企业通过设计较低耐用性的产品，增加消费者重复购买次数从而获利的问题。S. R. 巴斯卡兰和 S. M. 吉尔伯特（2015）研究了渠道结构与商业模式对产品耐用性设计的影响，发现经销商网络的密度影响了制造商提升耐用性的意愿。技术进步是影响耐用品设计的关键因素。当技术进步较快时，企业应该选择低耐用性设计从而增加消费者替换需求，反之则应设计高耐用性产品（Qi L and Sawhill J，2014）。有学者研究了延伸产品责任制，发现租赁模式比销售模式更能提高产品耐用性，这在一定程度上促进了产品回收（Pangburn M S and Stavrulaki E，2014）。与此同时，再制造产品利润和数量的改变都会影响产品的耐用性设计（Steeneck D W and Sarin S C，2018）。有学者研究了供应链集中与分散结构对产品耐用性设计的影响，发现部分集中化能够减轻销售模式下的时间不一致性问题（Li J et al.，2023）。

　　绿色产品设计的文献主要从政策影响、市场结构等方面进行研究。从政策的角度看，延伸产品责任制是绿色产品设计的重要影响因素。研究发现，对废弃产品的处理责任不仅能够激励企业减少报废产品的环境影响，而且能够激励企业减少产品使用阶段的环境影响，而对环境污染处罚的提升能够激励企业设计更加有利于再制造的产品（Subramanian R et al.，2009）。有学者研究了补贴政策对产品设计的影响，发现通过有效的补贴政策能够实现企业和环境的共赢（Zhang X et al.，2012）。S. K. 古达等（Gouda S K et al.，2016）研究了环境监管政策对绿色产品设计的影响，他发现，规模效应是企业进行绿色设计的关键因素，也是保证利润与环境同时改善的条件。有学者研究了政府补贴对产品环境质量设计的影响，发现当绿色市场不强时，补贴水平不会影响不同营销策略下产品环境质量之间的关系（Zolfagharinia H et al.，2023）。从市场结构看，合作对绿色产品设计有积极作用，合作可以改善环境但不一定改善供应链企业利润（Hong Z and Guo X，2019）。竞争对绿色产品设计的影响更加复杂，研究发现，价格竞争有可能增加产品绿色度，而绿色度竞争也有可能减少产品绿色度（Zhu W and He Y，2017）。另外，消费者参照行为对绿色产品设计有显著影响（Hong Z et al.，2019）。

　　国内绿色产品设计常常与协调、闭环供应链、政策等因素结合研究，并主要考虑绿色度的设计。朱庆华和窦一杰（2011）研究了政府补贴对产品绿色度的影响，发现在消费者环保意识较低的情况下，调低补贴下限能够保证制造商设计绿色度更高的产品，而在消费者环保意识提升之后则可适当调高补贴下限。江世英和李随成（2015）研究了利用收益共享契约激励企业设计高绿色度产品的问题，发现斯塔克伯格博弈下产品绿色度低于集中决策下的绿色度，利用收益共享能够有效激励绿色度的提高。高举红等（2015）在闭环供应链背景下研究了产品绿色度设计问题，发现低价促销可以使产品绿色度达到集中决策的水平。石平等（2016）将绿色度决策与公平关切相结合，认为公平关切会使制造商影响自己和其他企业的利益。刘会燕和戢守峰（2017）研究了竞争性供应链中企业的绿色度决策，结论显示，当竞争不激烈时，企业只生产绿色产品，而竞争激烈时则同时生产绿色产品和普通产品。孙迪和余玉苗（2018）研究了基于产品绿色度决策的最优补贴政策问题，其研究肯定了政府补贴的作用。

### 2.3.2 产品线设计的相关研究

产品线相关文献是在企业同时推出多种产品时考虑产品设计、定价等问题，这是对产品设计文献的进一步延伸。P. S. 德赛（2001）利用自选择模型研究了产品间竞争对产品线设计的影响机理，发现销售模式下产品间竞争在一定条件下会降低产品质量。李善良等（2005）同样利用自选择的框架研究销售模式的产品线策略，发现信息不对称是造成产品间竞争的原因。有研究发现，生产技术对产品线策略有显著影响，生产技术有助于解决产品间竞争的不利影响（Netessine S and Taylor T A，2007）。从消费者行为的角度来看，有研究发现，消费者犹豫会影响产品间竞争的结果，从而影响产品线设计（Guo L and Zhang J，2012）。K. 金等（Kim K et al.，2013）发现产品间的共性不仅不会增加产品间竞争，反而对产品间竞争有缓解的作用。沙甘等（Shugan S M et al.，2017）研究了捆绑策略在产品线设计问题中的应用，发现利用捆绑策略能够实现市场充分细分，从而降低产品间竞争。陈志洪等（2014）研究了消费者认知对产品线策略的影响，认为消费者认知的实现有利于提升产品线的利润。赖雪梅和聂佳佳（2022）研究了竞争环境下的产品线延伸策略，认为延伸成本是企业产品线延伸决策的关键因素。

本书部分内容与绿色产品线的研究较为相关。部分文献在性能质量与环境质量存在背反关系的假设下，利用自选择模型研究绿色产品线策略问题，发现销售模式下产品线策略的选择不会影响产品的平均环境表现，其原因为产品间竞争抑制了绿色产品的边际收益（Chen C，2001）。V. 克里希南和 P. 拉库尔布等（Krishnan V and Lacourbe P，2011）研究了产品线设计问题，并提出实现环境质量和企业利润同时改进的建议。有学者在将市场划分为普通市场和绿色市场的情况下研究了绿色产品和普通产品的产品线问题，发现监管部门的补贴政策促进企业设计更加绿色的产品（Zhang X et al.，2012）。在零和类型和协同类型技术条件下企业的绿色产品线设计存在差异，对协同技术进行投资能够使产品线更加绿色（Su J C P et al.，2012）。消费者环境意识在绿色产品线决策中也发挥重要作用，研究发现，普通品和绿色品的环境质量差异能够改变消费者环境意识对订货量的影响（Zhang L et al.，2015）。部分学者认为企业是否针对绿色市场进行细分，取决于绿色市场的强弱和产品开发成本的高低，当绿色市场较强和开发成本较低时，对绿色市场细分能够改善企业收益（Zhang Y et al.，2017）。张雪梅等（2014）研究政府参与的情况下绿色产品线设计问题，发现宏观调控政策有利于实现企业与环境共赢的局面。柳键等（2022）研究了绿色产品线设计问题，发现不同商业模式之间的产品形成竞争关系，合适的使用成本水平和合并效应水平是实现共赢的关键。

### 2.3.3　商业模式与产品设计结合的相关研究

商业模式与产品设计相结合方面的研究同本书的研究最为相关，但是相关运营管理的文献数量较少。M. K. 利姆等（2014）研究了不同充电技术条件下电池出售和电池分时租赁两种模式对电动车采用的影响，其中，考虑了新能源汽车的里程限制与商业模式的关系，其结论可以延伸到新能源汽车的设计问题。电池转换站模式（即建设多个转换站，消费者可以在转换站通过租赁的方式更换电池）也是新能源汽车实践的重要模式，有学者研究了新能源汽车特征与商业模式的关系，发现该模式对于减少排放更加有效，但不利于减少燃油依赖（Avci B et al.，2014）。I. 贝洛斯等（2017）研究商业模式与汽车产品线设计之间的关系，发现分时租赁模式下企业会更注重汽车的燃油效率。以往文献虽然考虑了新能源车的续航里程等特征，但并没有考虑汽车分时租赁模式，而I. 贝洛斯等（2017）虽然考虑了汽车分时租赁模式，但未考虑分时租赁平台和绿色消费者的作用，其理论无法解释一些现象。因此，本书补充和延伸上述研究，将汽车分时租赁模式与新能源车特征结合，并探讨了绿色消费者等因素的作用。有学者探讨了汽车共享市场与新能源汽车的互动，研究认为充电速度、充电桩数量、续航里程都满足条件时，新能源汽车才是最佳选择（Abouee-Mehrizi H et al.，2021）。

## 2.4　其他相关研究

除了与本书内容直接相关的文献之外，从方法相关性角度，最优停止理论、演化博弈和有关新能源汽车的运营管理相关文献对本书研究也有借鉴参考意义。因此，针对以上三个领域进行综述。

1. 最优停止理论在消费者行为中的相关研究

该理论与本书最为相关的部分是，最优停止理论在消费者购买行为和出行行为研究中的应用。在日常生活中，消费者在购买产品时会遇到不确定性的风险，比如买完东西后发现更便宜的产品或者购买之后对产品并不满意。为了避免以上情况，消费者在购买前会收集足够的信息，但信息不能永远收集下去，那么最优的停止点（停止收集信息并购买）是消费者决策的关键。M. 阿姆斯特朗等（Armstrong M et al.，2009）研究了消费者对价格信息的搜索行为，得到了消费者最优购买时机，并以此研究了企业知名度对价格、消费者剩余和企业利润的影响。F. 布兰科等（Branco F et al.，2012）研究了产品对消费者效用不确定的情况下消费者的最优购买决策的问题，发现消费者最佳购买时机与搜索成本成反比，而与信息间差异成正比。有学者将 F. 布兰科等（2012）的模型扩展到多产品的情况，发现在多产品的情况下，消费者最优购买时机与产品间效用差异有关（Ke T T et al.，2016）。该学者还进一步研究了最优信息学习策略问题，其研究结论可以应用于消费者购买行为（Ke T T and Villas-Boas J M，2019）。在出行行为方面，由于购车仅仅是购买行为的特例，因此也能使用最优停止理论。部分文献采用最优停止理论研究消费者私家车购买决策问题，其模型对本书有借鉴作用（De Lapparent M and Cernicchiaro G，2012；Cirillo C et al.，2015；Liu Y and Cirillo C，2018）。近期相关文献主要从部分搜索、消费者反悔、协商等角度进一步扩展研究（Liu L et al.，2022；Jin Q et al.，2022；Guo L，2023）。

2. 演化博弈的相关研究

本书主要采用演化博弈研究政府政策对企业的影响，故从该角度进行综述。有学者采用演化博弈方法研究了政府补贴和惩罚政策对绿色供应链的影响，发现为了长远考虑，政府应该实施较为严格的环境政策，比如增加补贴或惩罚（Zhu Q and Dou Y，2007）。政策之间存在互动，部分文献研究了补贴与税收两种手段对新能源汽车发展的影响，发现动态税收和静态补贴更有利于新能源企业发展（Liu C et al.，2017）。除了一般模型外，有学者构建小世界演化博弈模型，分析政府政策对新能源车扩散的影响问题，发现企业补贴比消费者补贴更有效（Hu Y et al.，2020）。演化博弈框架还被应用于研究政府使用补贴等政策手段对充电设施建设的影响（Fang Y et al.，2020）。国内演化博弈的相关研究也非常丰富。潘峰等（2015）利用演化博弈探讨了环境规制政策对控制企业排污的影响。曹国华和杨俊杰（2016）利用演化博弈研究了政府补贴对消费者购买新能源汽车行为的影响，其结论支持新能源汽车补贴退坡机制。曹霞等（2018）进行了政府政策与新能源产业的演化博弈分析，并从监管力度、惩罚力度、研发资助等角度提出了建议。万谧宇等（2023）认为合并效应和技术水平是影响商业模式决策的重要因素，分时租赁模式能够促进新能源汽车推广同时提高消费者剩余。

3. 新能源汽车的其他运营管理相关研究

H. Y. 马克等（Mak H Y et al.，2013）研究了电池交换模式中电池交换站网络设计和电池库存管理的问题，并提出具有鲁棒性的优化模型以有助于电池交换设施的规划。J. 施托伊本和 J. D. 斯特曼等（Struben J and Sterman J D，2008）研究了新能源汽车（包括氢燃料和混合动力车型）选择的动态模型，并探讨了驱动消费者采用新能源车型的机制问题，认为新能源汽车的推广需要针对新能源汽车进行补贴从而扩大口碑效应。电费对新能源汽车相关运营问题有较大影响，有学者研究了不同电费机制对消费者充电行为的影响（Sioshansi R，2012）。C. M. 弗拉思等（Flath C M et al.，2013）发现新能源汽车充电可能会提高电力负荷，故提出能够协调电动车充电问题的定价机制。有学者研究了一个优化行驶里程的框架，并分析了电池价格、电力成本、行驶里程限制等因素对消费者行为的影响，发现电池成本的降低使行驶里程更长，而充电基础设施的改善使行驶里程更短（Lin Z，2014）。G. 迪索尔尼耶等（Desaulniers G et al.，2016）则研究了新能源汽车的路径优化问题并提出精确的电动汽车路径优化算法，发现多车辆部分充电的方式比单车辆全充电模式要更好。R. S 威德里克等（Widrick R S et al.，2016）研究了新能源汽车的换电站管理问题，其考虑了换电站利润最优的电池充放电策略并证明其存在条件。有学者研究了新能源汽车共享的服务区域优化问题，该优化问题关键在于解决运营成本和客源覆盖之间的平衡（He L et al.，2017）。张海斌等（2015）采用多Agent 方法研究了新能源汽车市场开拓问题，认为政府应该从需求入手解决该问题。张玮琪等（2023）研究了新能源汽车充电站与储能优化问题，建立了两阶段分布鲁棒规划模型并得到最优运营策略。

## 2.5 现有研究的总结与述评

综上所述，本书主要从商业模式和产品设计两个角度对以往文献进行综述。总体来说，销售模式下产品设计和传统租赁模式的研究相对成熟，而分时租赁模式与产品设计相结合的研究不够完善。本书针对汽车分时租赁和产品设计问题进行研究，既能从理论上丰富和完善以往文献，又能满足当下汽车分时租赁实践的理论需求。具体来说，由文献综述得到的启示如下。

（1）传统租赁模式的研究起源较早，经过多年研究已经自成体系，而分时租赁模式的研究文献较为零散，这说明分时租赁模式的文献还需完善和补充，有丰富的研究机会。比如，传统租赁模式文献中（Coase R H，1972；Desai P S and Purohit D，1998；Bhaskaran S R and Gilbert S M，2005，2015）存在一条贯穿的线索，即 R. H. 科斯关于时间不一致性的猜想。而分时租赁文献中却缺乏这样一条主线，各文献采用的模型方法和主体思路都各不相同，这说明分时租赁的文献发展还不成熟，但现实中又产生了较强的理论需求，故值得研究。

（2）分时租赁模式的研究与许多理论存在交叉地带，这些理论在销售模式下研究已经较为充分，但分时租赁背景下研究较少，其中有丰富的研究机会。比如，对于最优停止理论，前文研究方法部分已经阐述了分时租赁模式与最优停止理论之间有一定的关系，但是它们交叉地带的研究文献较少。由于已经有文献采用最优停止理论研究了消费者行为相关问题，这为分时租赁与最优停止理论的交叉提供了研究基础。因此，利用两类文献交叉创新，能够得到有意义的成果。又比如产品线理论，该类文献发展较早，也具有成熟文献的特征，自成体系。相关文献围绕的核心问题是同品牌产品间竞争的问题（Desai P S，2001；Kim K et al，2013），但其只涉及销售模式。在分时租赁模式中，也存在同品牌产品间竞争的效应。该效应在分时租赁模式下研究仍不完善，但该效应的研究因为以往文献的铺垫，技术上并不难，具有一定的可行性。

（3）将分时租赁与新能源汽车结合的文献较少关注新能源车的具体特征，

分时租赁与新能源汽车发展的关系还有待深入研究。新能源汽车的充电不便捷和电池折旧快等具体特征是影响新能源车推广的阻碍，故针对新能源车问题的研究必须考虑新能源车的具体特征。以往文献虽然将商业模式与新能源汽车具体特征结合起来，但其仅在换电站模式和电池分时租赁等模式下讨论该问题（Lim K et al.，2014；Avci B et al.，2014）。汽车分时租赁模式能够缓解充电不便捷与电池衰减对消费者产生的不利影响，故分时租赁也是解决新能源车问题的可行思路。本书在汽车分时租赁模式下讨论该问题，这对相关理论具有补充和拓展作用。

# 第3章 基于消费者出行选择行为的汽车分时租赁模式分析

## 3.1 引 言

本章从消费者出行行为入手，分析分时租赁与其他成熟汽车出行模式间的关系，从而判断分时租赁模式在汽车出行体系中的地位与作用。分析分时租赁的基本特征，可加深对分时租赁的理解。研究并验证合并效应的存在，可为后文相关假设提供理论基础。具体来说，合并效应等基本特征对后续章节较为重要，但现有文献对相关特征讨论较少，故先从微观基础上讨论该特征，从理论上论证该特征并提供相应佐证。

为了研究以上问题，必须先观察消费者汽车出行行为的关键特征。（1）即使私家车更划算，消费者也会选择分时租赁与网约车。艾瑞咨询公司《2019年中国分时租赁行业研究报告》（后称艾瑞报告）显示，出行里程在30公里之内时，分时租赁出行相对于私家车具有明显成本优势，超过该范围私家车出行更划算。但EVCARD发布的《2018分时租车人群大数据报告》（后文简称EVCARD报告）显示，25%的分时租赁订单超过30公里[①]；网约车出行成本明显高于私家车，但大量用户仍采用网约车出行。（2）网约车与分时租赁的出行里程具有明显的分层关系。根据EVCARD报告可知，90%用户订单出行里程在50公里以内，其中10公里以内比例为31%。根据36kr研究院《2018网约车用户调研报告》（后称36kr报告）可知，72%的网约车出行订单集中于

---

① 虽然超过30公里的订单少于30公里内订单，然而，中长里程的出行在全部出行中所占比例本身就小。根据高德大数据《2017Q1中国主要城市交通分析报告》可知，超过20公里的出行占全部出行的比例仅为25%左右。相比之下，分时租赁超过30公里的订单达到25%已经是较大的比例了。

10 公里以内。前一特征反映了购车出行（即私家车出行）与租车出行（即分时租赁与网约车）之间的关系，后一特征反映了分时租赁与网约车之间的关系。本章从用车需求不确定性和消费者出行行为均衡的视角解释上述两个现象。

　　具体来说，首先，购车与租车关键区别在于所有权。购车模式下消费者必须购买所有权，而租车仅按需购买使用权，这决定了出行模式的灵活性。在用车需求不确定的情况下，若选择不灵活的购车出行，消费者必须承担未来用车需求下降的风险，而租车则能帮助消费者避免该风险。比如，在需求不稳定时消费者先租车并等待到用车需求稳定再决定是否购车。所以，在需求不确定时，租车的灵活性给消费者带来了额外的价值（即避免不确定性风险）。这导致私家车出行成本更划算时，消费者也会选择租车。其次，网约车与分时租赁关键区别在于司机。司机的存在影响网约车与分时租赁相对价格关系，从而影响消费者出行选择的均衡：价格更高的网约车必然会有更低的均衡交易成本。这决定两者行驶里程分层关系。另外，值得指出的是，上述视角并不是解释消费者行为特征的唯一视角①。本章从新的视角解释消费者行为，并得到现实数据支撑。

　　由上述分析可知，租车与购车间的选择实际上是一个最优停止问题，其中租车对应于等待决策，购车对应于停止决策，而网约车与分时租赁的区别则反映在租车决策的效用中。利用行驶里程的不确定性描述用车需求的不确定性，本章构建了消费者在网约车、分时租赁与购车间选择的最优停止模型，并通过合并效应讨论车辆利用率的问题。首先，研究消费者个体的最优出行决策；其次，依据个体行为，研究消费者出行决策的均衡并探讨三种汽车出行模式的关系；最后，依据均衡，推导分时租赁存在合并效应。

## 3.2　模型与假设

　　假设在线性城市中，消费者存在使用汽车出行的需求，比如通勤用车需

---

　　① 本书视角并不是唯一视角。比如第一特征可以用预算约束来解释，但车贷使得消费者的预算约束越来越放松，其解释力较弱，相关文献也持该观点（Desai P S and Purohit D，1998）。第二特征可解释为网约车单价高，但该视角不全面，没考虑交易成本。同时本章视角与以上视角并不冲突，所以不影响本章视角的理论意义与现实意义，且本章视角下的结论与现实观察相吻合。

求、出游用车需求等。由于生活中用车的原因、目的等存在不确定性和外生性，这导致消费者的用车需求具有不确定性和外生性。比如，通勤用车需求受到工作变动、工作地点变动等外生不确定性因素的影响，日常生活中也常存在意料之外的出行需求。本章利用行驶里程不确定性描述用车需求的不确定。设 $l_t$ 表示消费者第 $t$ 次使用汽车的行驶里程，假设消费者每次用车的行驶里程以等概率增大或缩小 $y$ 的幅度，即 $|l_{t+1} - l_t| = y$。$y$ 是外生给定的，行驶里程的变化幅度 $y$ 反映了消费者行驶里程不确定性的影响程度，也反映了用车需求的稳定性。当 $y$ 比较小时，行驶里程变化较小，即用车需求稳定。值得注意的是，$l_t$ 的正负表示消费者在线性城市中的行驶方向，$l_t$ 的正负不会影响模型计算，因为后续计算均是针对 $l_t$ 的绝对值，即针对路程进行计算（而非位移）。

假设消费者可以选择使用分时租赁汽车、网约车和购买私家车来实现汽车使用的需求。本章不单独考虑传统出租车，虽然网约车与出租车存在区别，但是从消费者的角度而言，两者服务具有同质性。比达咨询《2018 年中国出租车 & 网约车出行用户调研报告》显示，90% 的用户认为网约车是出租车的升级服务，而且相对于出租车，80% 以上的用户更青睐网约车，这说明两者存在明显的替代性。设 $\theta$ 表示消费者使用汽车时每公里的支付意愿（即保留价格，该参数是一些外生因素的综合反映，比如，消费能力、出行重要性等），消费者使用分时租赁时每公里支付价格 $p$，并设 $\theta > p$。消费者使用分时租赁时必须承担交易成本 $c$。虽然如今由信息不畅而产生的交易成本大大降低，但消费者间摩擦仍产生交易成本。假设分时租赁交易成本是消费者排队等待服务的时间成本。该假设的合理性在于：首先，等待时间成本能够反映消费者间摩擦的基本特征，即随着参与人数增加，人与人之间的摩擦成本增加；其次，排队等待时间成本是为完成交易所需支付的额外成本，故属于交易成本；最后，分时租赁与共享文献常将分时租赁系统考虑为一个排队系统，这是能够反映现实的常用假设（Bellos I et al.，2017；Benjaafar S et al.，2018）。综上所述，将城市中的分时租赁服务系统看作整体，消费者需要排队使用分时租赁汽车。依据相关文献（Zhou W et al.，2014），利用 $M/G/1$ 排队模型描述交易成本，消费者平均等待时间满足式（3 −1）。

$$WT = \frac{\lambda(1 + \gamma^2)}{2\mu(\mu - \lambda)} \tag{3 −1}$$

　　式（3-1）中，$\lambda$ 为到达率，其含义是单位时间平均到达人数。假设到达率与参与人数 $m$ 呈正相关关系，即 $\lambda = km$。由于到达率也反映了消费者间的摩擦程度，比如，若大部分消费者在相同时段使用分时租赁，那么单位时间到达率较高，消费者间摩擦程度也较高，故本章将系数 $k$ 称为消费者摩擦系数。$\mu$ 表示服务率，即单位时间完成服务的人数。假设 $\mu$ 是系统中车辆数 $n$ 的函数，随着车辆数增加，服务率增大。$\gamma$ 是系统服务时间的变异系数，该系数反映服务时间的稳定性。由于本章仅考虑排队时间造成的交易成本，故 $c = WT$。关于排队模型的假设，有几点值得说明。（1）分时租赁系统可以看作多个服务台的排队系统（即将一个取车点看作服务台），也可以看作单服务台（即将分时租赁系统看作一个整体）。为了深入刻画交易成本并兼顾可处理性，本章采取后者。同样，相关文献也使用单服务台模型近似处理多服务台问题（Ben-jaafar S et al.，2018）。（2）假设消费者到达过程服从泊松分布，这是一个常用的简化。此假设并不会与前文行驶里程的随机变化相矛盾，因为行驶里程的随机性假设中仅规定了消费者每次用车的行驶里程变化，并没有规定消费者每次到达系统的时间间隔，故两个随机变量互不干扰。（3）本章仅在排队系统存在稳态时讨论等待时间，故假设 $\lambda < \mu$（Zhou W et al.，2014）。若 $\lambda \geqslant \mu$，等待时间趋于无穷，没有讨论的意义。因此，一个消费者使用一次分时租赁汽车的净效用为：

$$u = (\theta - p)\,|l_t| - c \qquad\qquad (3-2)$$

　　假设网约车单价为 $h$。由于网约车要支付司机工资，故假设网约车的价格要高于分时租赁价格，即 $h > p$。这是符合现实的。以南昌出行费用为例：根据南昌滴滴计价规则，滴滴快车里程费最低为 2 元/公里，时长费最低为 0.35 元/分钟；而南昌消费者租赁一辆观致 5 车型，里程费用为 1.1 元/公里，时长费为 0.2 元/分钟（以联动云为例），Gofun 出行的价格则低至 1 元以下。假设网约车用户间摩擦同样会产生交易成本为 $c_h$，利用 $M/G/1$ 排队模型描述网约车交易成本。令 $\mu_h$ 和 $\gamma_h$ 表示网约车系统的服务率与服务时间变异系数，其等待时间如式（3-1）所示。交易成本是由消费者行为内生决定的，但此处不妨先假设分时租赁交易成本高于网约车交易成本，即 $c > c_h$，后文再证明这一点（请见附录）。由于网约车也是按照里程付费，故其净效用为：

$$u_h = (\theta - h)\,|l_t| - c_h \qquad\qquad (3-3)$$

观察式（3-2）和式（3-3），网约车和分时租赁均是按照里程购买使用权的出行服务，该共性决定两者的竞争关系。但两者价格和交易成本的差别反映了服务模式的关键区别，这也将决定两者关系。假设消费者购买汽车时需要支付销售价格 $f$，当汽车每行驶一公里，消费者需承担使用成本 $c_v$（比如油费和保养费用）。由此得到消费者购买汽车所获得的净效用为：

$$u_b = (\theta - c_v) \sum_{t=1}^{N} |l_t| - f \qquad (3-4)$$

在该式中，$N$ 表示汽车的耐久性（即假设每辆汽车可以使用 $N$ 次）。此处 $N$ 说明汽车能够使用 $N$ 期，式（3-2）和式（3-3）表示一期的效用，购车效用与租车效用具有相同单位，故可以进行比较。由于分时租赁和网约车下运营商要弥补油费和保养成本，所以 $h > p > c_v$。使用成本 $c_v$ 和销售价格 $f$ 共同表示持有成本。观察式（3-2）至式（3-4）可知，若消费者采用分时租赁或网约车就必须承担交易成本，而购买汽车则必须承担持有成本。因此，上述模型不仅刻画了购车与租车在灵活性上的区别（购车需一次性购买 $N$ 期的服务），还体现了所有权差异造成的成本差异。另外，若消费者行驶里程足够长，购买汽车必然好于分时租赁和网约车（因为后者斜率更大）。这说明随着行驶里程变长，购车出行将更加划算，这与引言中所描述的实际情况相吻合。

假设每个消费者个体行驶里程呈现随机性，但总体行驶里程分布呈现稳定性。虽然前文对消费者行驶里程的变化做了随机性假设，但城市是复杂系统，其总体行驶里程分布受许多外生因素影响，比如，城市人口流动等。若仅从个体的假设推断总体的分布，则忽略了外生变量的影响，从而影响结论的可用性。高德大数据《2017Q1 中国主要城市交通分析报告》（简称高德报告）显示，2016 年与 2017 年相比，北京和上海机动车行驶里程比例总体分布较为稳定，其最大变化幅度不到 4%。这说明虽然每个消费者每天出行里程在变化，但总体的分布是相对稳定的。因此，本章假设由于外生原因的影响，消费者总体的行驶里程分布具有稳定性。假设消费者每期总体行驶里程的分布服从一般分布 $G(l)$，其密度函数为 $g(l)$。根据高德报告可知，城市居民出行里程分布密度是随里程递减的，不妨设 $\frac{\partial g(l)}{\partial |l|} < 0$。本章考虑的行驶里程分布，是指分时租赁系统中每期参与决策的人员的行驶里程分布。由于人员流动等外生原因，

系统中参与决策的人员会发生变化，所以总体分布保持稳定与具体某人的行驶里程随时间变化的假设不矛盾。

为了简化求解过程，本章对消费者行驶里程的变化过程作连续化处理（Branco F et al.，2012）。虽然汽车的使用是离散的，但每次使用的间隔相对较短。利用上述文献相同的方法，将较短的用车间隔近似为连续变化，令 $\sigma = y\sqrt{\mathrm{d}t}$，可得行驶里程符合如下随机过程：

$$\mathrm{d}l = \sigma \mathrm{d}w \tag{3-5}$$

在式（3-5）中，$\mathrm{d}w$ 是标准布朗运动，$\sigma$ 表示行驶里程变化的幅度。

## 3.3　汽车分时租赁模式分析

### 3.3.1　消费者个体出行选择行为分析

将网约车与分时租赁称为租车，私家车出行称为购车。对于单个消费者而言，其决策中基本的矛盾在于当期效用与未来效用的平衡，最优停止理论恰好能够描述该基本矛盾。消费者选择租车既是为了获得租车的服务，也是行使等待的权利（等待最优购车时机），而购车则是停止等待（即停止租车）。消费者通过决策最优停止时机实现自身效用最大化。具体来说，行驶里程作为外生随机变量，随着行驶里程变化，汽车对消费者的价值也发生变化。当行驶里程增加时，根据假设，消费者购车会变得更加划算，而租车逐渐变得不划算，这导致消费者选择停止决策（即选择购车）。

为了构建该最优停止模型，并具体解释模型刻画的基本矛盾，必须分析消费者在租车与购车间的得失。从当期效用看，消费者选择租车时，能够得到租车本身带来的效用，但是失去了当期立即使用私家车的机会（当期租车即放弃当期立即购车）。从未来效用看，消费者选择租车就是行使了等待的权利。由于私家车价值（即使用私家车获得的总效用）随行驶里程变化，故等待的权利帮助消费者保留了获得更大私家车价值的机会。在出行决策中，当期效用与未来效用存在取舍关系。比如，设想消费者行驶里程逐渐增大，此时若选择租车，消费者必须承担当期效用损失（因行驶里程较大时，私家车比租车更划算），但未来私家车价值可能上升。若选择购车，消费者则放弃了未来私家车价值上升的可能，但是避免了当期损失。该主要矛盾虽然没有直接的消费者心态等数据支撑，但上述矛盾的取舍必然使消费者行为表现出"等待特定时机购车"的特征（若仅考虑当期效用，消费者会在私家车划算时立即购车）。艾瑞咨询发布的《2017 年中国首购车用户营销研究报告》显示，78.9% 的消费者选择婚后首次购车，52.1% 的消费者选择事业处在小有成就的时机购车，这说明消费者普遍在等待特定时机购车。根据以上分析，构造单个消费者的最优停止问题如下。

$$V(l) = \max\{\Omega(l), \ \pi(l) + EV(l + \mathrm{d}l)\} \qquad (3-6)$$

$V(l)$ 表示价值函数（即消费者能够得到的最大效用）。$\Omega(l)$ 为终止价值（即私家车价值），反映了消费者选择购买私家车时，未来能够得到的预期效用。由于布朗运动的特点 $[E(\mathrm{d}l) = 0]$，$\Omega(l) = N(\theta - c_v)|l| - f$。$\pi(l)$ 表示当期效用的比较，根据式（3-2）至式（3-4），$\pi(l) = \max\{(\theta - p)|l| - c, \ (\theta - h)|l| - c_h\} - (\theta - c_v)|l| + f/N$，其中，$(\theta - p)|l| - c$ 是消费者使用分时租赁的当期效用，$(\theta - h)|l| - c_h$ 是使用网约车的当期效用，$(\theta - c_v)|l| - f/N$ 表示若当期立即购车，消费者使用私家车能得到的当期效用。由于消费者在租车时，既可以使用分时租赁也可以使用网约车，消费者会选择其中效用较大的出行模式，故 max 函数反映了分时租赁与网约车的竞争关系。由于选择分时租赁即放弃当期购车，所以 $(\theta - c_v)|l| - f/N$ 是机会成本。$EV(l + \mathrm{d}l)$ 表示当期选择租车的情况下，消费者在未来所能得到的最大效用。由上述可知，最优停止模型很好地刻画了消费者决策中基本的矛盾：$\pi(l)$ 反映了当期效用的比较，而 $EV(l + \mathrm{d}l)$ 与 $\Omega(l)$ 的比较反映了未来效用的比较。依据式（3-6）以及相关文献（Branco F et al., 2012；Villas-Boas J M and Miguel J, 2018；Dixit A K and Pindyck R S, 1994），消费者当期选择租车的价值函数为：

$$V(l) = \pi(l)\mathrm{d}t + EV(l + \mathrm{d}l) \qquad (3-7)$$

对 $EV(l + \mathrm{d}l)$ 进行泰勒展开并利用伊藤引理可以得到：

$$V(l) = (\max\{(\theta - p)|l| - c, \ (\theta - h)|l| - c_h\} - (\theta - c_v)|l| + f/N)\mathrm{d}t$$
$$+ \left(V(l) + V'(l)E(\mathrm{d}l) + V''(l)\frac{E(\mathrm{d}l^2)}{2}\right) \qquad (3-8)$$

对其中分段函数的部分进行分析，可得式（3-9）：

$$
\pi(l) = \begin{cases} (\theta - h)\,|l| - c_h - (\theta - c_v)\,|l| + f/N & |l| \leqslant \dfrac{c - c_h}{h - p} \\[2mm] (\theta - p)\,|l| - c - (\theta - c_v)\,|l| + f/N & |l| > \dfrac{c - c_h}{h - p} \end{cases} \tag{3-9}
$$

式（3-9）的含义是，若消费者当期决定租车，那么当行驶里程小于 $\dfrac{c - c_h}{h - p}$，消费者会选择网约车，反之则选择分时租赁。将式（3-9）代入式（3-8），又由于 $E(\mathrm{d}l) = 0$ 和 $E(\mathrm{d}l^2) = \sigma^2 \mathrm{d}t$，化简可以得到：

$$
V''(l) = \begin{cases} 2\,\dfrac{(h - c_v)\,|l| - c_h + f/N}{\sigma^2} & |l| \leqslant \dfrac{c - c_h}{h - p} \\[3mm] 2\,\dfrac{(p - c_v)\,|l| - c + f/N}{\sigma^2} & |l| > \dfrac{c - c_h}{h - p} \end{cases} \tag{3-10}
$$

求解微分方程（3-10）可以得到微分方程的解。由于式（3-8）仅与行驶里程 $|l|$ 有关，价值函数必然存在对称性，即 $V(l) = V(-l)$，可以得到：

$$
V(l) = \begin{cases} \dfrac{(h - c_v)\,|l|^3 + 3\,|l|^2 (c_h - f/N)}{3\sigma^2} + C_1 |l| + C_2 & |l| \leqslant \dfrac{c - c_h}{h - p} \\[3mm] \dfrac{(p - c_v)\,|l|^3 + 3\,|l|^2 (c - f/N)}{3\sigma^2} + C_3 |l| + C_4 & |l| > \dfrac{c - c_h}{h - p} \end{cases} \tag{3-11}
$$

式（3-11）是消费者选择分时租赁时的价值函数。根据式（3-2）至式（3-4）可知，随着行驶里程逐渐增大，购车会变得越来越有利，而租车会越来越不利。根据相关文献（Dixit A K and Pindyck R S, 1994）可知，消费者不会一直选择租车，此时存在一个临界点 $|\Delta|$，当 $|l| < |\Delta|$ 时，消费者选择分时租赁，当 $|l| \geqslant |\Delta|$ 时，选择购车。后文简称 $|\Delta|$ 为临界里程，行驶里程达到临界里程的时机即最优购车时机。该点必须满足价值匹配（Value Matching）和平滑粘贴（Smooth Pasting）两个条件。两条件的含义是，消费者选择租车和购车所能得到的最大效用，不仅在临界点处要相等（价值匹配条件），而且在临界点的足够小的邻域内也要相等（平滑粘贴条件）。根据模型可知，价值匹配条件为：

$$
V(\Delta) = \Omega(\Delta) \tag{3-12}
$$

该条件保证临界点处两效用相等。平滑粘贴条件为：

$$V'(\Delta) = \Omega'(\Delta) = N(v - c_v) \tag{3-13}$$

根据上述定解条件求解微分方程，可以得到命题 3-1。

**命题 3-1** （1）若 $N(\theta - c_v) \leqslant V'\left(\dfrac{c - c_h}{h - p}\right)$，消费者的最优策略是，行驶里程较短时使用网约车，当行驶里程超过 $|\Delta_h|$ 时选择购车；（2）若 $N(\theta - c_v) > V'\left(\dfrac{c - c_h}{h - p}\right)$，消费者的最优策略是，当行驶里程较短（即 $|l| \leqslant \dfrac{c - c_h}{h - p}$）时选择网约车，当行驶里程中等（即 $|\Delta_s| > |l| > \dfrac{c - c_h}{h - p}$）时使用分时租赁，而行驶里程超过 $|\Delta_s|$ 时，选择购买私家车。其中，令 $K = -\dfrac{(c - c_h)^2}{\sigma^2(h - p)}$，临界里程为：

$$|\Delta_h| = \frac{f/N - c_h + \sqrt{\sigma^2(h - c_v)(\theta - c_v)N + (c_h - f/N)^2}}{h - c_v} \tag{3-14}$$

$$|\Delta_s| = \frac{f/N - c + \sqrt{\sigma^2(\theta - c_v)(p - c_v)N - K(p - c_v)\sigma^2 + (c - f/N)^2}}{p - c_v} \tag{3-15}$$

证明详见附录。

该命题刻画了消费者最优出行选择行为，消费者有两种策略："网约车 + 购车"［命题 3-1（1）］或"网约车 + 分时租赁 + 购车"［命题 3-1（2）］，这说明并不是每个消费者都会参与分时租赁。消费者选择后者的条件是，私家车价值 $\Omega$ 对于行驶里程变化较敏感［即 $N(\theta - c_v)$ 较大］。上述两种策略说明，随着时间变化，行驶里程发生变化，消费者会选择多种出行方式，而非只选择其中一种。命题 3-1 中消费者策略的内在机理是当期效用与未来效用之间的取舍。行驶里程较短时，租车能够得到较大的当期效用，同时保留未来效用增值的机会。当行驶里程逐渐增加时，当期效用逐渐减小，未来效用的增值逐渐无法弥补当期效用的损失。故行驶里程增大到临界里程时，消费者会选择购车。而 $N(\theta - c_v)$ 决定了未来效用增值的幅度，从而决定临界里程的长短。若临界里程小于 $\dfrac{c - c_h}{h - p}$，此时网约车比分时租赁更划算，故消费者选择"网约车 + 购车"的策略；若临界里程大于 $\dfrac{c - c_h}{h - p}$，中等里程范围内分时租赁更划算，故消费者选择"网约车 + 分时租赁 + 购车"的策略。

由该命题推理可知消费者出行行为的特征和参与分时租赁的消费者特征。（1）消费者出行行为的特征：消费者只有在行驶里程处于中等水平时才会使用分时租赁，当行驶里程较高时消费者会购车，而当行驶里程较低会选择网约车。由此推断，分时租赁的出行订单应该集中于中等里程，网约车的订单应该集中于短途。本章引言中的数据印证了该结论。（2）参与分时租赁的消费者特征：用车需求不稳定和消费能力较强。具体来说，根据条件 $N(\theta - c_v) > V'\left(\dfrac{c - c_h}{h - p}\right)$ 可知，只有里程变化幅度 $\sigma^2$ 和支付意愿 $\theta$ 较大时，消费者才会选择分时租赁（证明详见附录）。而行驶里程变化幅度反映了用车需求的稳定性，支付意愿反映了消费能力，故得出该结论。证据是，EVCARD 报告显示，35%受访者选择分时租赁的原因是临时用车（所有原因中占比最大）。这说明用车需求不稳定的特点。而44%的用户是"80后"，相比之下，"90后"用户占比33%，而中国银联联合京东金融共同编制的《2017 年消费升级大数据报告》显示，"80后"比"90后"消费能力更强。这说明更具支付能力的消费者更多地使用分时租赁。

接下来通过一个推论说明，行驶里程不确定性与网约车对消费者出行决策的影响。设行驶里程确定且没有网约车时，$|\tilde{\Delta}|$ 为消费者分时租赁与购车间的临界里程。行驶里程不确定且没网约车时，$|\Delta|$ 为消费者分时租赁与购车间的临界里程。附录中给出推论的证明与 $|\tilde{\Delta}|$、$|\Delta|$ 的具体形式。

**推论 3 - 1**　行驶里程的不确定性会延迟购车决策，即 $|\Delta| > |\tilde{\Delta}|$；而网约车的存在又会使得分时租赁用户进一步延迟购车，即 $|\Delta_s| > |\Delta| > |\tilde{\Delta}|$，故网约车对分时租赁存在延迟效应；网约车对分时租赁存在竞争效应，即网约车的存在使得分时租赁失去短出行里程的消费者。

由推论 3 - 1 可知以下两点。（1）不确定性存在时，消费者会等待到行驶里程变得更长时才购买汽车。由于临界里程 $|\tilde{\Delta}|$ 即私家车更划算的里程范围（证明详见附录），故 $|\Delta| > |\tilde{\Delta}|$ 说明，不确定性存在时，即使私家车更划算，消费者也可能会选择租车，这解释了本章引言中提到的现象。其内在机理为由于未来效用有可能提升，消费者愿意在一定程度上承担当期的损失。（2）网约车对分时租赁既有竞争效应又有延迟效应。前者不利于分时租赁，其原理不

赘述。后者使得消费者进一步延迟购车，换句话说，网约车的存在可能使消费者更多使用分时租赁。这是反直觉的结论，其内在机理是：概括来说，网约车的存在改变了分时租赁的价值。具体来说，由于网约车的存在，在等待最优购车时机的过程中，消费者可以选择的出行方式增加。这使得消费者等待时的当期收益上升。所以，相对于停止决策，等待决策的价值上升了，故消费者会更多地选择等待，这使得 $|\Delta_s| > |\Delta|$，即产生延迟效应。观研天下信息咨询公司发布的《2018 年中国汽车租赁行业分析报告——市场深度分析与投资前景预测》显示，其调查的 1.1 万个分时租赁用户中，15.4% 的用户表示分时租赁使其延迟购车。该数据可以证明存在延迟购车的现象，而且延迟效应符合常识：可替代的出行选择越多，私家车出行可能会减少。

**推论 3 - 2**　只要行驶里程存在不确定性且分时租赁价格低于网约车（即 $p < h$），私家车和网约车都无法取代分时租赁模式。但是分时租赁和网约车的存在可能使消费者放弃购车，消费者放弃购车的必要条件为 $p < h < c_v$。

通过推论 3 - 2 可知以下两点。（1）分时租赁与网约车是共存关系。虽然命题 3 - 1 中某些消费者可能不会选择分时租赁，但总体来看，必然有消费者选择分时租赁。其原理是，分时租赁价格比网约车更低，若没人使用分时租赁，交易成本的降低必然使得 $u > u_h$，此时必有消费者选择分时租赁。现实中，分时租赁与网约车确实是共存的。（2）租车价格（包括 $h$ 和 $p$）小于私家车使用成本，是消费者放弃购车的条件。中国汽车工程学会《中国汽车共享出行发展趋势报告》中的调查数据显示，当汽车共享出行成本为私家车出行成本的 50% 时，将有超过 60% 的人放弃拥有私家车[①]。当共享价格降低、共享出行成本低于私家车出行成本的程度增大时，越来越多的人放弃购车。这与本书观点吻合。

从管理意义上解释其原理。概括来说，消费者放弃购车的原因是，租赁价格的降低改变了消费者决策的基本矛盾。具体来说，当租赁价格低于使用成本时，行驶里程变化会使得当期收益与未来收益同向变化，两者的取舍就消失了。比如，当 $p < h < c_v$ 时，若行驶里程上升，消费者选择租车的当期收益会

---

① 中国汽车工程学会. 中国汽车共享出行发展趋势报告［R］. 中国汽车工程学会官网，2018 - 03 - 01.

增加（$\pi$ 随 $l$ 增大），同时私家车价值也会上升（$\Omega$ 随 $l$ 增大）。此时，消费者选择等待的当期收益与未来收益同向变化。而行驶里程降低说明用车需求较低，此时支付较高的购车价格也是不划算的。所以，租赁价格与私家车使用成本的关系是消费者放弃购车的关键因素。虽然租车价格必然高于私家车使用成本，但该结论及原理对于理解未来出行模式变化趋势仍具有意义，比如，自动驾驶技术若能够有效降低租车价格，未来消费者将更愿意放弃购车。

上文利用最优停止模型分析了消费者最优出行模式选择行为。具体来说，消费者在租车和购车之间的抉择，实际上是当期效用和未来效用之间的取舍。取舍的结果是，消费者会在行驶里程处于中等时选择分时租赁，行驶里程较短时选择网约车，当行驶里程较长（即用车需求较大）时，消费者才会购车。当行驶里程变长，租车会逐渐失去优势。但租车能够帮助消费者等待最优的购车时机，所以消费者愿意承担当期损失，从而追求更大的未来收益。这解释了本章引言中提出的"即使私家车更划算，但消费者仍然选择分时租赁与网约车"的现象。其次，只要行驶里程存在不确定性，购车就无法取代租车，而当租车价格低于私家车使用成本时，消费者会放弃购车。最后，从消费者行为角度来看，网约车不会取代分时租赁，两者一定是共存关系。

### 3.3.2　汽车分时租赁模式均衡分析

前文分析了消费者个体的最优决策，消费者个体的选择会相互影响，从而影响总体的分时租赁行为，接下来讨论消费者间的相互影响。利用均衡分析网约车、分时租赁与私家车出行间的关系，并研究分时租赁模式存在合并效应的条件。这是本章节要解决的问题，研究思路如下：首先分析消费者整体的均衡，判断三种出行模式关系；然后利用均衡状态下参与分时租赁的消费者数量，推导合并效应的条件。另外，由于本章侧重点在于消费者行为，故租赁和销售价格外生给定。

由于网约车与分时租赁中都可能存在均衡，必须分析两个均衡：单模式内的均衡以及两模式间的均衡。根据式（3-1）及命题 3-1，消费者间相互影响的机理为，参与租车的消费者数量增加，这会增加消费者等待时间，从而增加交易成本。而交易成本的增加会改变每个消费者在网约车、分时租赁与购车间的选择。以图 3-1（a）中的均衡（$c_1$，$m_{c1}$）为例说明单模式内均衡的形成：图 3-1（a）中增曲线的含义是，当消费者数量为 $m_c$ 时，系统中实际的交易成本为 $c$，其函数形式为式（3-1）。而减曲线表示当交易成本为 $c$ 时，愿意参与分时租赁的消费者数量为 $m_c$（函数形式详见附录）。均衡形成过程为，假设初始阶段消费者预计分时租赁的交易成本为 $c'$，此时愿意参与分时租赁的人数为 $m'_c$。但当该数量消费者进入分时租赁系统后，系统实际的交易成本 $c''$ 超过其愿意承担的交易成本，即 $c'' > c'$，这使得部分消费者会选择退出。消费者数量的减少降低了交易成本，而交易成本的降低同时也刺激消费者参与意愿。最终在（$c_1$，$m_{c1}$）处消费者愿意承担的交易成本恰好为实际产生的交易成本（或愿意参与人数等于实际参与人数），即达到均衡。均衡形成过程如图 3-1 所示。

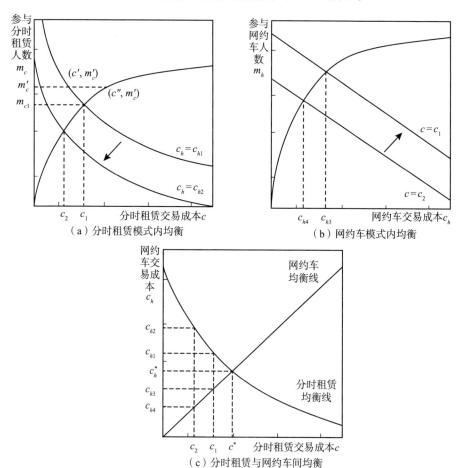

（a）分时租赁模式内均衡

（b）网约车模式内均衡

（c）分时租赁与网约车间均衡

**图 3-1　消费者间出行行为均衡的形成过程**

网约车模式内的均衡形成过程与分时租赁相同。两模式间的均衡形成机理为：给定网约车交易成本取不同值，求解分时租赁的均衡，可以得到 $c$ 与 $c_h$ 的函数关系 [如图 3 – 1（a）所示，当 $c_h = c_{h1}$ 和 $c_h = c_{h2}$ 时，对应均衡交易成本为 $c_1$ 和 $c_2$]。在图 3 – 1（c）中画出该对应关系，得到分时租赁均衡线 $c^*(c_h)$。同理，给定不同分时租赁交易成本，求解网约车均衡点，也可得到 $c_h$ 与 $c$ 的对应关系 [如图 3 – 1（b）所示，$c$ 取不同值对应不同网约车均衡交易成本 $c_h$]，并得到网约车均衡线 $c_h^*(c)$ [如图 3 – 1（c）所示]。两均衡线的交点即两模式共同达到均衡的点。依据上述分析可以得到命题 3 – 2。

**命题 3 – 2**　均衡存在的充分条件为 $\dfrac{h-p}{p-c_v} > \left(\dfrac{A_1}{A_2}\right)^2$，此时有且仅有一个均衡点，均衡交易成本满足：

$$c^*(c_h)^{-1} = c_h^*(c) \tag{3 – 16}$$

式（3 – 16）中，$c^*(c_h)^{-1}$ 表示 $c^*(c_h)$ 的逆函数，$A_1 = g\left(\dfrac{c-c_h}{h-p}\right) + g\left(-\dfrac{c-c_h}{h-p}\right)$ 和 $A_2 = g(|\Delta_s|) + g(-|\Delta_s|)$。结合中值定理，$c^*(c_h)$ 和 $c_h^*(c)$ 的形式为如下隐函数：

$$\left(g(\xi_1) + g(\xi_2)\right)\left(|\Delta_s(c^*)| - \frac{c^*-c_h}{h-p}\right) = \frac{2\mu^2 c^*}{k + k\gamma^2 + 2\mu k c^*} \tag{3 – 17}$$

$$2g(\xi_h)\frac{c-c_h^*}{h-p} = \frac{2\mu_h^2 c_h^*}{k + k\gamma_h^2 + 2\mu_h k c_h^*} \tag{3 – 18}$$

命题 3 – 2 说明，消费者间出行模式选择行为存在均衡，均衡存在条件与网约车价格、分时租赁价格和消费者行驶里程分布有关，调节均衡的核心是交易成本（即消费者在各模式间流动使得交易成本自发调节）。首先，均衡存在的条件可以概括为，网约车价格与分时租赁价格应具有足够的差距 [$h - p > (p - c_v)(A_1/A_2)^2$]。网约车与分时租赁的基本关系是竞争，而竞争往往是不稳定的。只有两者差异较明显时系统才会获得稳定的均衡，这与传统竞争理论是一致的。其次，两种出行模式均衡形成的主要矛盾是消费者参与意愿与系统容纳能力的平衡。由前文分析可知，式（3 – 17）和式（3 – 18）的左边为愿意参与人数，这反映了参与意愿；等式右边反映了交易成本与实际参与人数的关系，故体现了系统容纳能力。最后，通过均衡的自发调节，分时租赁与网约车的相对关系是稳定的。结合命题 3 - 2 与命题 3 - 1 可发现，均衡时分时租赁用户的行驶里程会高于网约车。这进一步解释了分时租赁与网约车订单在行驶里程中的分层现象。而由于均衡的调节作用，这种分层是相对稳定的，即使分时租赁主动通过增加车辆规模等手段降低交易成本，最终均衡也会使 $c_h^* < c^*$。

结合前文命题与推论，在均衡下，网约车、分时租赁与私家车出行的基本关系可以概括为互补的共存关系。该基本关系中有两点值得说明。（1）三种出行模式是基于竞争的互补关系。三种出行模式间都存在竞争关系，但由于三种模式间的区别，竞争的结果是形成均衡。在该均衡中，网约车与分时租赁分别服务短里程与中等里程出行，而用车需求较高的用户才会购车。（2）三者共存关系是通过消费者行为自发调节的稳定关系，因此，分时租赁应该被理性看待：由于三模式在所有权与驾驶人方面存在区别，均衡必然使得分时租赁与另两种出行模式形成相对稳定的关系，这导致分时租赁用户的特点难以发生改变，这将对分时租赁车辆使用次数产生限制。结合前文结论，分时租赁模式较适于中等里程且临时性的出行。根据高德报告可知，中等里程出行的比例明显低于短里程的出行，这在一定程度上限制了分时租赁车辆的利用率，而临时性的特点又进一步限制了其车辆利用率，而且临时性与行驶里程是相关的，即对于临界里程较高的用户，其用车需求必然是更不稳定的（由命题 3 - 1 可知）。所以，与网约车相比，分时租赁出行需求会表现出更强的临时性特征（即用车需求更不稳定）。由 36kr 报告与 EVCARD 报告可知，52% 的网约车用户每周使用 1 次以上，分时租赁下该比例为 44%，其中，24% 的网约车用户每周使用 3 次以上，而分时租赁仅有 5% 的用户每周使用 2 次以上。这说明分时租赁用车需求更不稳定的特点。这两点必然导致分时租赁车使用次数和利用率明显少于网约车，现实中也是如此。

虽然分时租赁车辆利用率受到出行模式间关系的限制，但这并不说明分时租赁不能提升车辆利用率，只是提升程度受到限制。为了深入刻画分时租赁对车辆利用率的提升作用，本章通过合并效应进一步研究该问题。根据合并效应的含义，设分时租赁系统车辆数为 $n$，只要满足 $m^* > n$，则一辆分时租赁车能够满足多个消费者用车需求，即合并效应存在。合并效应越大，车辆利用率越高。

**推论 3 - 3** 只有分时租赁车辆数 $n < \tilde{m}$ 时，合并效应才可能存在，合并

效应存在的必要条件为：

$$\frac{kn(1+\gamma^2)}{2\mu(\mu-kn)} < f/N - \frac{(p-c_v)n^2 - 4N(\theta-c_v)\sigma^2 g(\xi)^2}{4ng(\xi)} \qquad (3-19)$$

本推论中 $\tilde{m}$ 表示分时租赁参与人数的上限（具体形式请见附录）。结合前文，合并效应是否存在取决于参与意愿与容纳能力的平衡。不等式左边表示参与人数为 $n$ 时的系统等待时间，这反映容纳能力，右边则反映的是参与意愿。为了增强直观性，利用图像说明推论 3-3（见图 3-2）。整理式（3-19）得 $\gamma^2 = \frac{2\mu(\mu-kn)}{kn}\left(f/N - \frac{(p-c_v)n^2 - 4N(\theta-c_v)\sigma^2 g(\xi)^2}{4ng(\xi)}\right) - 1$。该式为合并效应条件的临界线。将 $\gamma^2$ 看作因变量，$\mu$ 和 $n$ 看作自变量。为了清晰起见，给定 $\mu$ 取不同值，观察 $\gamma^2$ 与 $n$ 的曲线。从实际含义看，$\mu$ 和 $\gamma^2$ 反映了分时租赁系统的属性，两者不同取值对应了不同类型的系统。因此，式（3-19）反映了分时租赁系统的特征与合并效应条件之间的关系。值得注意的是，虽然假设中 $\mu$ 和 $\gamma^2$ 都是 $n$ 的函数，但此处并不深入刻画其函数关系，而是令 $\mu$ 和 $\gamma^2$ 自由取值（类似于枚举），然后观察 $\mu$、$\gamma^2$ 与 $n$ 呈现什么关系时合并效应条件被满足，该处理并不影响结论。图 3-2 依据具体数值画出，但能反映该函数一般性态（关于 $\mu$ 和 $n$ 分别为增和减函数，证明不赘述）。图 3-2 参数取值为 $n \in [50, \tilde{m}]$，$\theta = 15$，$f = 100$，$N = 5$，$p = 6$，$c_v = 1$，$\delta = 5$，$k = 0.25$。比较各参数取值下合并效应存在条件如图 3-2 所示。

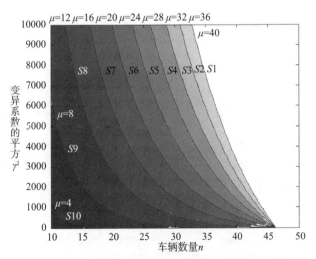

**图 3-2　不同服务率取值下合并效应存在的必要条件**

图 3-2 中曲线表示 $\mu$ 取各值时合并效应存在的必要条件（各临界线标记为 $S_i$），临界线以上表示合并效应不存在，而临界线以下表示合并效应存在的条件被满足。图中阴影区域标出了满足该条件的区域，阴影的深度表示 $\mu$ 取各值时存在合并效应区域的重叠。以曲线 $S_1$ 与 $S_2$ 之间区域为例，只有 $\mu = 40$ 时该区域存在合并效应，$\mu$ 取其他值时均不存在合并效应，故该区域阴影最浅（重叠次数最少）。而对于 $S_{10}$ 以下区域，所有 $\mu$ 的取值在该区域均满足合并效应条件，故阴影最深（重叠最多）。图中每一个点对应了不同类型的分时租赁系统，比如，$n$ 较大且 $\gamma^2$ 较大表示规模（$n$）较大，服务时间稳定性较差的系统。另外，将条件 $m^* > n$ 变换为 $m^* = n + d$，$d$ 反映了参与人数超过车辆数的程度，即 $d$ 为合并效应的程度。明显地，远离临界线（$d$ 较大）会使得合并效应增大。

结合上述说明可知，图 3-2 反映了分时租赁系统三个特征（即车辆规模、服务率和服务时间稳定性）与合并效应的关系。（1）较高的服务率和较稳定的服务时间更有利于提升合并效应，而车辆规模对合并效应有正反两种作用。从图像上看，$\mu$ 的增加扩大了阴影区域，而 $\gamma^2$ 的降低使得阴影加深，这说明两种变化有利于合并效应。而车辆规模 $n$ 使得阴影变浅，这不利于合并效应，但规模 $n$ 增加使得服务率 $\mu$ 提升（车辆增多使单位时间服务人数增加），这使得临界线向右移动，这又有利于合并效应。（2）车辆规模较大不是合并效应存在的必要条件，较小规模也存在合并效应。当 $n$ 较小时，阴影区域仍存在，这说明该结论。（3）规模较小时合并效应程度较低，只有规模较大时，合并效应才可能较高。当规模小时服务率较低，阴影内的点与临界线间距离必然较近，而只有服务率较大时，阴影内的点才可能离临界线较远，故得到该结论。

结合本推论与命题 3-2 可知以下两点。（1）虽然分时租赁受到出行模式间关系的限制，但只要分时租赁服务水平较高（即服务率较高和服务时间稳定），分时租赁能够起到提升车辆利用率的作用（即合并效应存在）。TOGO 发布的《中国一线城市共享汽车出行分析报告》指出，在北京地区，共享汽车平均使用频次为 5.1，并且曾经在一天内一辆车被 5 个人使用了 7 次。这说明分时租赁的合并效应确实存在，但受到出行模式间关系制约，与网约车相比，该合并效应的水平并不算高。（2）对于分时租赁企业而言，高资本投入（如购置车辆）和盈利困难是两个难题，合并效应有利于解决该难题。合并效应的提升增加了车辆利用率（一辆车被更多人使用），同等投入情况下车辆使用次数增加，这既有利于盈利又减少投入。根据上文可知，企业通过合理设计系统的规模、服务率和服务时间稳定性，可以实现合并效应，而且合并效应的实现并不需要较大规模的投入。但为了更多盈利，企业应该合理增加车辆规模从而追求更高服务率。值得注意的是，车辆规模并非越大越好，如果车辆规模的增大没能提升服务率，或造成服务时间更不稳定，这可能会减小合并效应；而且分时租赁系统设计应该考虑到分时租赁模式与其他模式关系，出行模式间均衡决定了分时租赁参与人数存在上限，这限制了合并效应。

**推论 3 - 4**　行驶里程确定情况下，合并效应仍然存在，其存在条件为：

$$\frac{kn(1+\gamma^2)}{2\mu(\mu-kn)} < \frac{(h-p)(c_v-p)n}{(h-c_v)(g(\xi_{q1})+g(\xi_{q2}))} + \frac{(h-p)f/N-(c_v-p)c_h}{(h-c_v)}$$

$$(3-20)$$

由该推论可知，合并效应是分时租赁的特征，只要商业模式中允许消费者共用车辆，并且满足合适的服务率、服务时间和车辆规模等条件，合并效应就存在。由此可见，合并效应是由"共享"而产生，故合并效应是分时租赁模式与传统销售模式的关键区别。本章构建了合并效应的微观基础，这为后续章节的假设提供了便利。

总结以上命题和推论可知，消费者出行选择行为会影响汽车分时租赁的发展。由于消费者分时租赁行为具有中等里程和临时性的特征，结合高德大数据报告，中等里程出行比例明显低于短里程出行比例，所以这限制了分时租赁车辆的使用次数，也限制了分时租赁的发展。企业通过调整分时租赁系统的服务率和服务时间稳定性等参数，可以提升车辆利用率和合并效应。

综上所述，从消费者行为视角看，网约车、分时租赁与私家车出行是互补的共存关系。分时租赁在汽车出行模式中具有独特的定位，即服务于中等里程且临时性的出行需求。该定位并不是由企业主观决定的，而是均衡调节的结果。该定位决定了分时租赁不会被其他模式取代，但同时也限制了其发展空间：中等里程出行占比相对较低和临时性的特点都限制了分时租赁车辆的利用率。分时租赁模式下存在合并效应，这说明分时租赁具有一定的社会价值（即提升车辆资源利用率）。

# 3.4 数 值 实 验

为了展示不同参数对均衡的影响，接下来分析均衡下用户数量（$m_c$ 和 $m_h$）、交易成本（$c$ 和 $c_h$）和出行效用（$u$ 和 $u_h$）随各参数的变化。基本参数取值如下：$h=3$，$p=2$，$c_v=0.8$，$f=100000$，$N=3000$，$\theta=40$，$\mu=10$，$\gamma^2=40$，$\mu_h=12$，$\gamma_h^2=35$，$k=0.25$，$\sigma^2=2$。$g(\xi_1)$ 和 $g(\xi_2)$ 表示中等里程的概率密度，$g(\xi_h)$ 表示短里程的概率密度，设 $g(\xi_1)+g(\xi_2)=0.2$ 和 $g(\xi_h)=0.3$。该组参数取值描述的基本场景是，支付意愿较高且行驶里程不确定的消费者在租车与购车（车辆价格为 10 万元）间进行选择，网约车与分时租赁价格之间关系和不同里程出行的概率密度之间关系均符合本章假设。基于均衡中的主要矛盾，本章主要讨论价格（$h$ 和 $p$）、消费者特征（$\theta$ 和 $\sigma^2$）和服务率（$\mu$ 和 $\mu_h$）三方面因素对均衡的影响。

图 3-3（a）~（c）反映了价格因素（$h$ 和 $p$）对分时租赁均衡下交易成本、用户数量和出行效用的影响。对应地，图 3-3（d）~（f）反映了该因素对网约车均衡的影响。由图 3-3 总结可得：（1）网约车交易成本低于分时租赁 [图 3-3（a）和（d）]，这印证了前文 $c_h<c$ 的判断；（2）网约车与分时租赁具有竞争和依赖双重关系，这与前文的原理一致。由图 3-3（a）和（b）可以看出，随着网约车价格 $h$ 的提升，分时租赁的均衡交易成本 $c$ 和用户数量 $m_c$ 都有轻微的提升，这说明网约车变得不划算时，分时租赁消费者会增多，即两者有竞争关系。由图 3-3（d）和（e）可以看出，随着分时租赁价格 $p$ 降低，网约车的交易成本 $c_h$ 和用户数量 $m_h$ 都有所增加，这说明分时租赁变得划算时，网约车用户也会增加，即两者间存在依赖关系。值得指出的是，前文证明了网约车与分时租赁间的竞争和依赖的双重关系（即竞争效应和延迟效应），而且证明了竞争效应对分时租赁影响更大，所以图 3-3（a）和（b）中更多表现出竞争关系，这对本章结论是一个验证。（3）均衡下分时租赁更不易受网约车价格的影响，相对而言，网约车受分时租赁价格影响更大。由图 3-3（b）和（e）可以看出，分时租赁的均衡用户数量 $m_c$ 受 $h$ 的影响相对较小，但随 $p$ 的下降，网约车用户数量 $m_h$ 增加较明显。（4）图 3-3（c）和（f）反映了价格

对出行效用的影响，为了便于比较，图中效用以单次出行 10 公里为基准〔即令 $|l|=10$ 代入式（3－2）和式（3－3）计算出效用后比较〕。可以发现，并非价格越低，出行效用就越高。较低的价格使得用户数量增加，这会导致均衡交易成本升高，从而减小了出行效用。

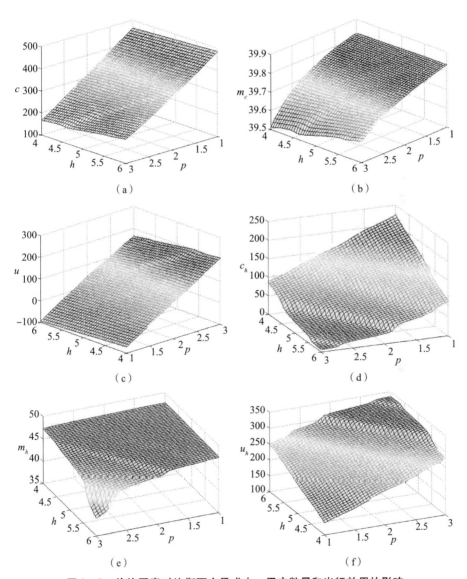

图 3－3　价格因素对均衡下交易成本、用户数量和出行效用的影响

　　图 3-4 表现了消费者特征因素（支付意愿 $\theta$ 和行驶里程变化幅度 $\sigma^2$）对均衡的影响。（1）由图 3-4（a）和（d）可以发现，$\sigma^2$ 和 $\theta$ 的增加促使交易成本（$c$ 和 $c_h$）增加，这说明用车需求不稳定（$\sigma^2$ 较大）和支付意愿较高（$\theta$ 较大）促使消费者更多选择分时租赁和网约车，这与前文结论相符。（2）在消费者支付意愿较高的情况下，行驶里程变化幅度对用户数量的影响较小，反之则较大。由图 3-4（b）和（e）可以发现，当 $\theta$ 较大时，$\sigma^2$ 的增加仅使 $m_c$ 和 $m_h$ 上升较小的幅度，当 $\theta$ 较小时，$m_c$ 和 $m_h$ 对 $\sigma^2$ 的变化较敏感，由此得出该结论。（3）由图 3-4（c）和（f）可以发现，由于用车需求不稳定使交易成本上升，故网约车和分时租赁出行效用（$u$ 和 $u_h$）随着 $\sigma^2$ 的增加而降低。而消费者支付意愿的升高对出行效用有正反两种作用，一方面，支付意愿较高说明消费者从每公里出行中所获得的效用增加，故 $\theta$ 对 $u$ 和 $u_h$ 有提升作用；另一方面，消费者支付意愿的提升会使更多消费者选择租车，这增加了交易成本，故 $\theta$ 对 $u$ 和 $u_h$ 有抑制作用。结合图 3-4（a）和（d）可知，当 $\sigma^2$ 较大时，交易成本 $c$ 和 $c_h$ 关于 $\theta$ 的敏感性较高，此时抑制作用大于提升作用。当 $\sigma^2$ 较小时，交易成本对于 $\theta$ 的变化不敏感，此时提升作用大于抑制作用。所以，用车需求不稳定时，支付意愿的增加会使出行效用下降，而用车需求较稳定时，支付意愿的增加使出行效用上升。

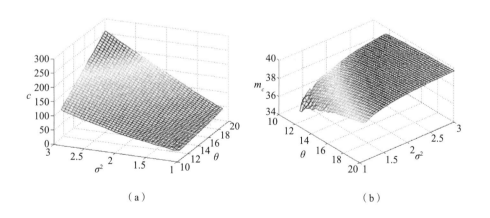

(a)　　　　　　　　　　　　　　　　（b）

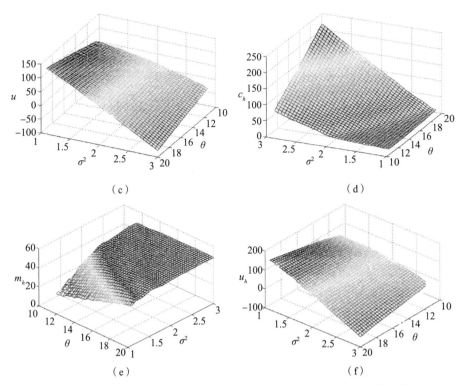

**图 3 - 4　消费者特征对均衡下交易成本、用户数量和出行效用的影响**

图 3 - 5 反映了服务率 $\mu$ 和 $\mu_h$ 对均衡的影响。

（1）服务率的提升有利于降低交易成本同时增加用户数量。如图 3 - 5（a）和（d）所示，服务率 $\mu$ 和 $\mu_h$ 的提升共同降低了交易成本 $c$ 和 $c_h$。由图 3 - 5（b）和（e）可以看出，$\mu$ 和 $\mu_h$ 的增加分别提升了各自的用户数量 $m_c$ 和 $m_h$。

（2）服务率 $\mu$ 和 $\mu_h$ 之间存在相互影响，网约车更易受到分时租赁的影响。由图 3 - 5（a）[或（d）] 可以看出，当 $\mu_h$（或 $\mu$）逐渐增大时，$\mu$（或 $\mu_h$）对交易成本 $c$（或 $c_h$）的影响会逐渐减弱。这说明分时租赁（或网约车）服务率降低时，网约车（或分时租赁）的交易成本对自身服务率变化更敏感。由图 3 - 5（b）和（e）可知，分时租赁用户数量对网约车服务率不敏感，但网约车用户数量受到分时租赁服务率的限制。如图 3 - 5（e）所示，当 $\mu$ 较大，$\mu_h$ 的增加仅使 $m_h$ 上升较小幅度，而当 $\mu$ 较小，$\mu_h$ 对 $m_h$ 的影响增大。所以，结合图 3 - 3 的结论可知，网约车更易受分时租赁的影响。

（3）由于服务率的变化仅影响出行效用中的交易成本，服务率的增加会导致交易成本减小，故出行效用 $u$ 和 $u_h$ 随服务率增加而增加〔如图 3 - 5（c）和（f）所示〕。

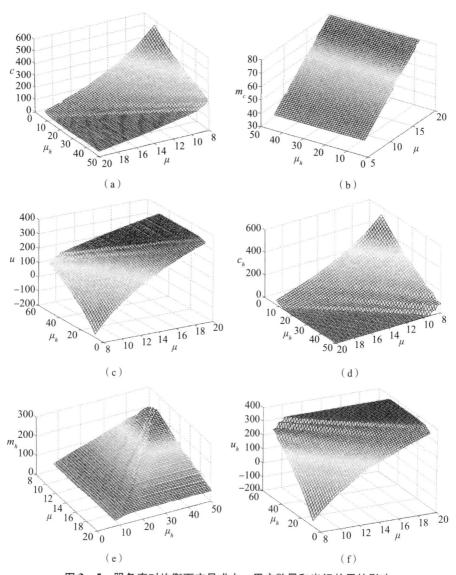

（a）               （b）

（c）               （d）

（e）               （f）

图 3 - 5  服务率对均衡下交易成本、用户数量和出行效用的影响

# 3.5　本章小结

本章利用最优停止理论刻画了消费者出行选择的微观行为，分析了消费者在三种出行方式间选择的均衡状态，并在此基础上对分时租赁、网约车和私家车出行之间的关系进行探讨。本章模型分析了两个基本矛盾，即消费者行为中当期效用与未来效用的平衡；消费者间均衡中消费者参与意愿与系统容纳能力的平衡。基于这两个基本矛盾，本章中消费者决策与均衡的内在机理是，消费者在租车与购车间的决策主要依据当期效用与未来效用的平衡，为了获得更高的未来效用，消费者会愿意承担一定的当期损失。这造成了本章引言中提到的现象，即在出行成本不划算时，消费者仍会选择分时租赁出行。消费者个体行为会受到其他消费者的影响，交易成本在其中具有关键作用。若选择参与分时租赁的消费者数量较多，这会造成较高的交易成本，而交易成本过高会促使部分消费者退出分时租赁。当消费者愿意承担的交易成本与实际产生的交易成本相同时，消费者间形成均衡。

总体来说，本章主要结论是分时租赁模式与网约车、私家车出行间是互补共存的关系，该关系决定分时租赁模式不会被网约车和私家车取代，但分时租赁也会受到该关系的限制：分时租赁较适于满足中等里程和临时性的出行需求。具体来说，本章结论如下。

（1）消费者倾向于在短途出行中使用网约车，中等里程使用分时租赁，而用车需求较高时才会购车。消费者行驶里程的不确定性会造成消费者延迟购车，即相对于确定性的里程需求，消费者会等待到行驶里程变得更长时才购车。参与分时租赁的消费者具有用车需求不稳定和消费能力强的特征。

（2）网约车对于分时租赁既有竞争效应，又有延迟效应。网约车与分时租赁都是提供较为灵活的租车服务，这导致两者间的竞争。竞争效应是两种模式的出行里程具有分层关系的主要原因。延迟效应使得消费者购车的临界里程变得更长。换句话说，网约车的存在反而促使消费者更多使用分时租赁。其内在机理是，网约车的存在能够改变分时租赁的价值，即网约车丰富了等待决策时消费者的出行选择，这无形中使消费者更倾向于选择等待（即选择租车）。

竞争效应和延迟效应并不矛盾，竞争效应使网约车抢占了分时租赁的短里程用户，但同时会促使消费者在中等里程出行时使用分时租赁。

（3）当租车价格低于私家车使用成本时，消费者会放弃购车。其内在原理是，价格的变化改变了消费者出行决策的基本矛盾：随着租车价格的降低，当期效用与未来效用将同向变化，这使得两者之间的取舍关系消失，从而使消费者放弃购车。

（4）分时租赁与网约车、私家车的关系可以概括为互补共存关系。由均衡可知，三种模式之间虽然有竞争关系，但由于三种模式存在区别，各模式有各自的优势，所以不会相互取代。然而，受到该关系的限制，分时租赁较适于满足中等里程和临时性的出行需求，这在一定程度上限制了分时租赁车辆的使用次数（因为中等里程出行比例较低，而临时性也不利于使用次数提升），这也决定了分时租赁车辆使用次数会低于网约车。

（5）分时租赁模式存在合并效应。该效应存在的条件是服务率较高和服务时间较稳定，即分时租赁服务水平较高，合并效应才会较明显。车辆规模并不是合并效应存在的必要条件，该结论说明企业可以实施小规模运营方案。但为了获得较高的合并效应，必须投入较大的车辆规模以实现较高的服务率。

# 第4章 基于演化博弈的汽车制造商分时租赁模式采用策略

## 4.1 引　　言

以第 3 章的结论为基础，本章讨论制造商的分时租赁模式采用策略。本章主要探讨企业采用分时租赁模式的条件，以及分时租赁模式对利润与环境的改善作用。本章与第 3 章的递进关系体现在：（1）第 3 章仅考虑了消费者因素，本章不仅考虑了消费者因素，还考虑了政府补贴和技术因素；（2）本章中合并效应的假设是基于第 3 章的结论，故第 3 章为本章的理论基础。

为探讨以上问题，必须先从实际层面分析企业采用分时租赁模式的动因。结合国内 90% 分时租赁车型为新能源车的事实，本章主要考虑三个方面动因。（1）新能源汽车的电池技术会造成充电不便捷等短处，这影响了新能源车的市场接受程度。分时租赁模式能帮助新能源车扬长避短，这有利于企业。（2）新能源车补贴政策下，制造商可以通过将车辆卖给分时租赁企业以获得补贴。（3）制造商希望通过实施分时租赁服务转变为出行服务提供商，服务化的转变有利于提升车辆利用率，这一定程度上增加了利润。合并效应是反映车辆利用率的指标，前文已经讨论其存在性，故这也是分时租赁采用的动因之一。上述三个方面分别从技术、政策和分时租赁特征三个角度研究制造商分时租赁模式的采用策略。

以下数据和报道能够佐证以上动因的存在。首先，90% 的分时租赁车型是新能源汽车，相对而言，销售模式下新能源车销量仅占 10% 左右。这说明新能源汽车在销售端市场还不够成熟。中国汽车流通协会发布的《2019 新能源汽车消费市场研究报告》（简称中汽协报告）显示，消费者购买新能源车首要关注的是电池技术。所以技术问题一定程度导致销售市场低迷，这佐证了第一个动因。其次，根据《法治周末》的报道可知，制造商获取补贴是分时租赁的动因之一（宋媛媛，2020）。最后，上汽集团的"新四化"战略中"共享化"是重要的一环，其副总裁祖似杰在采访中谈道："我们原来是制造商，以制造汽车产品为主，未来要转型为提供出行服务，解决出行问题。"这佐证了最后一个动因①。

上述动因共同构建了一个模型框架，即同时考虑新能源车政策、电池技术水平和合并效应的理论框架，本章以该框架研究企业分时租赁采用的机理、策略与影响。分时租赁企业往往具有制造商背景（比如制造商戴姆勒全资拥有旗下 Car2go 分时租赁品牌；分时租赁品牌 EVCARD 是上汽集团"共享化"战略的结果），说明汽车制造商在商业模式采用决策中的主导地位。故本章以制造商作为决策主体，将电池技术的特征（如电池容量）融入消费者效用，合并效应融入企业利润函数，采用演化博弈框架考虑政府补贴与企业商业模式采用的博弈。首先，考虑企业能够采用销售模式、分时租赁模式和混合模式三种商业模式，构建并求解各模式下企业利润模型。其次，利用各模式下最优利润构建支付矩阵，并建立企业与政府的演化博弈，通过分析均衡讨论企业策略及其影响。最后，通过数值实验验证本章结论并观察演化过程。

## 4.2　模型与假设

由于国内分时租赁主要是采用新能源车型，故本章考虑新能源汽车制造商。假设新能源汽车制造商可以选择如下商业模式：（1）销售模式，即制造商对所有消费者以价格 $f$ 销售新能源汽车；（2）纯租赁模式，即制造商对所有消费者以租赁价格 $p$ 提供分时租赁服务；（3）混合模式，即同时以销售和分时租赁模式向消费者提供产品和服务②。现实中，传统销售模式和混合模式较为普遍，比如上汽、北汽和戴姆勒等制造商销售汽车的同时都拥有自己的分时

---

① 盖世汽车. 上汽集团副总裁祖似杰详解"新四化"：到了我们走出去的时候了［DB/OL］. 有驾网，https://www.yoojia.com/article/9622832561190515303.html，2019 – 10 – 29.

② 商业模式的定义请参见第 2.1.1 节。

租赁品牌。纯租赁模式实践虽然较少，但将纯租赁作为对照仍然具有理论意义，后续章节也都会考虑纯租赁模式。另外，由于纯租赁模式和混合模式都包含分时租赁，为了避免混淆，本章约定后文（包括第5章和第6章）将纯租赁和混合模式概称为分时租赁，而企业仅实施分时租赁的情况称为纯租赁模式。本章构建模型的关键在于体现分时租赁的特点，根据相关文献（Yan P et al., 2020）可知，分时租赁的特点是较适于满足低类型用户需求，较少车辆能满足较多需求。后一特点用合并效应来描述，前一特点是通过消费者选择来反映。下面先构建基本假设。

令 $\theta$ 表示消费者的支付意愿，即消费者为一次出行所愿意支付的最大价格（保留价格），假设 $\theta$ 服从 [0, 1] 的均匀分布（Yu Y et al., 2018；Lim M K et al., 2014；Tian L and Jiang B, 2018）。假设新能源汽车的使用成本为 $c_e$ 和充电不便捷成本为 $c_c$，使用成本包括充电的电费和车辆保养费用，充电不便捷成本主要反映由于充电行为付出的额外成本，比如充电等待时间和寻找充电桩的麻烦成本。设每次充电造成的不便捷成本系数为 $\gamma$。满电时电池容量能够支持的行驶里程为 $R$（比如，比亚迪汉 EV 车型的续航里程为 605，此时 $R = 605$），为了方便，简称 $R$ 为电池容量。由于充电的快慢反映了充电技术，电池容量反映了电池技术，因此，$\gamma$ 和 $R$ 反映了新能源汽车技术因素。假设消费者每期使用汽车的平均行驶里程为 $m$。该假设简化了第 3 章随机行驶里程的假设。由于本章侧重点在于企业决策，若同时对企业和消费者进行细致刻画，本章模型将难以处理。该简化假设的合理性说明如下：（1）确定性的假设常见于相关高水平文献（Bellos I et al., 2017；Yu Y et al., 2018；Lim M K et al., 2014）；（2）第 3 章推论 3 – 4 已证明，确定性行驶里程下合并效应仍存在，所以该假设不影响合并效应的假设。相关文献也在确定性里程下考虑了合并效应（Yu Y et al., 2018）。因此，充电不便捷成本为：

$$c_c = \gamma \frac{m}{R} \qquad\qquad (4-1)$$

在该式中，$\frac{m}{R}$ 为消费者使用一期汽车时的平均充电次数（即行驶里程数除以电池续航里程）。假设在新能源汽车使用周期内，消费者总共要使用 $\lambda$ 期汽车（Bellos I et al., 2017），因此，消费者购买新能源汽车的净效用为：

$$u_S = \lambda \left( \theta - c_e - \gamma \frac{m}{R} \right) - f \qquad (4-2)$$

在该式中，$\theta - c_e - \gamma \dfrac{m}{R}$ 表示消费者使用一期汽车的净效用（即支付意愿减去使用成本和充电不便捷成本）。假设分时租赁的服务满足率为 $a(a \in (0, 1))$，该参数的含义是由于分时租赁的车辆有限，部分消费者需要用车时可能没车可用，故仅有 $a$ 比例的用车需求被满足（Bellos I et al.，2017）。该服务满足率可理解为由交易成本造成的损失（比如分时租赁汽车分布在各个停车点，消费者每期用车都需要承担额外的找车成本，这会造成一定比例损失），为了便于计算，本章采取比例形式。本章仅讨论日常出行，而不讨论长途出行，故续航里程限制成本不需考虑。理由为：主流新能源车型续航里程在 400 公里左右，这超出了消费者日常出行距离（比如根据高德大数据报告可知，私家车出行 90% 以上都在 20 公里以内），所以日常出行中续航里程限制问题已被大大缓解。由于分时租赁模式下消费者按照使用支付租赁价格 $p$，所以消费者使用新能源汽车分时租赁服务的净效用为：

$$u_L = a\lambda(\theta - p) \qquad (4-3)$$

在该式中，$a\lambda$ 表示分时租赁总使用期数，$\theta - p$ 为消费者使用一期分时租赁车获得的净效用。假设消费者除了使用新能源汽车外，可以选择其他外部出行选择，比如公共交通、燃油汽车等。假设消费者选择外部选择的效用为 $u_v$。只有新能源汽车效用超过外部选择时，消费者才会采用新能源车。不失一般性地，设 $u_v = 0$（Jiang B and Tian L，2016；Tian L and Jiang B，2018）。值得指出的是，利用效用函数可以刻画分时租赁的"较适于满足低类型用户需求"的特征，即在销售和租赁间，低类型用户会倾向于选择分时租赁。

2019 年财政部、工业和信息化部等联合发布的《关于进一步完善新能源汽车推广应用财政补贴政策的通知》显示，新能源客车的补贴金额与电池容量是正线性关系。因此，假设中央财政给一辆新能源汽车的补贴金额为 $W = wR$，其中 $w$ 为补贴系数。设新能源汽车生产成本为 $C$，由于新能源补贴不会完全弥补生产成本，所以设 $C > W$。那么销售模式下制造商的利润为：

$$\Pi_S = (f - C + W)D_S \qquad (4-4)$$

在该式中，$D_S$ 表示销售模式的需求量。假设分时租赁模式存在合并效应，

合并效应系数为 $\eta$。设 $D_L$ 表示分时租赁模式的需求量。由于合并效应的存在，为满足 $D_L$ 个消费者的用车需求，分时租赁模式只需提供 $\eta D_L$ 辆车（$\eta \leqslant 1$）。关于该假设的合理性值得说明的是：（1）该假设符合合并效应的含义，即由于共享而产生的，满足给定需求下，所需资源数量减少的效应；（2）根据上述假设，$\eta = 1$ 说明没有合并效应，$\eta$ 越小说明合并效应越大，这模拟了各种情况下的合并效应。该假设以第 3 章的相关结论为基础；（3）相关文献常常采用外生合并效应的假设（Agrawal V V and Bellos I, 2016；Yu Y et al., 2018）。另外，根据第 3 章的结论，网约车等出行模式的影响也体现在合并效应之中（比如网约车的竞争效应和延迟效应最终都是影响参与分时租赁的人数，这已反映在合并效应之中），故为了兼顾可处理性，本章节不考虑网约车出行模式。合并效应反映了分时租赁的"利用较少车辆满足更多需求"的特征。由于分时租赁模式下，企业负责车辆日常维护与充电，因此企业需要承担车辆使用成本和充电不便捷成本。纯租赁模式下制造商利润为：

$$\Pi_L = a\lambda D_L\left(p - c_e - \gamma\frac{m}{R}\right) - \eta D_L(C - W) \tag{4-5}$$

在式（4-5）中，$p - c_e - \gamma\dfrac{m}{R}$ 表示一辆车被使用一期所获得的收益，汽车被使用的总期数为 $a\lambda D_L$。由于合并效应，纯租赁模式仅需提供 $\eta D_L$ 辆车，所以 $\eta D_L C$ 和 $\eta D_L W$ 分别为车辆成本和车辆补贴。根据假设，分时租赁会产生两种作用（一是降低成本，二是降低服务满足率），这在后文分析中会用到。混合模式下，制造商利润为：

$$\Pi_H = (f_H - C + W)D_{HS} + a\lambda D_{HL}\left(p_H - c_e - \gamma\frac{m}{R}\right) - \eta D_{HL}(C - W) \tag{4-6}$$

$D_{HS}$ 和 $D_{HL}$ 分别表示混合模式中购车与分时租赁的需求量，$f_H$ 和 $p_H$ 表示混合模式下销售价格和租赁价格。根据以上假设，本章考虑政府补贴因素（$W$）、技术水平因素（$R$ 和 $\gamma$），还考虑了消费者因素，比如支付意愿 $\theta$ 和合并效应 $\eta$（由第 3 章可知，合并效应是由消费者行为而产生）。在分析演化博弈之前，必须先求解各商业模式下企业最优决策与利润，然后将最优利润作为支付，构建企业商业模式与政府补贴博弈的演化博弈模型。因此，接下来先分析企业决策。

# 4.3　各种商业模式下企业决策分析

## 4.3.1　销售模式下决策分析

在该模式下，制造商通过决策价格实现利润最大化，然后消费者再依据销售价格进行购买决策。采取逆向求解方法，首先在给定价格下分析消费者决策，从而推导需求函数。利用相关文献的方法（Agrawal V V et al., 2012；Liu C et al., 2017），通过效用函数推导需求函数，具体过程如下。当 $u_S > 0$（即购买新能源汽车的效用超过外部选择）时，消费者会选择购买新能源车。令 $u_S = 0$，整理可得：$\theta_S = \dfrac{f}{\lambda} + c_e + \gamma \dfrac{m}{R}$。该式表示购车与外部选择效用恰好相等的临界线，当 $\theta \geqslant \theta_S$ 时，消费者会购买新能源汽车。根据均匀分布假设，$D_S = 1 - \theta_S$，因此，销售模式需求函数为：

$$D_S = 1 - \frac{f}{\lambda} - c_e - \gamma \frac{m}{R} \tag{4-7}$$

代入利润函数（4-4），可得制造商销售模式的优化模型：

$$\max_f \Pi_S(f) = (f - C + W)\left(1 - \frac{f}{\lambda} - c_e - \gamma \frac{m}{R}\right) \tag{4-8}$$

对式（4-8）求导，可得最优价格为 $f^* = \dfrac{((1 - c_e)\lambda + C - wR)R - \gamma\lambda m}{2R}$。

## 4.3.2　纯租赁模式下决策分析

该模式下，制造商先决定分时租赁价格，然后消费者依据租赁价格，进行分时租赁参与决策。采用前文相同的方法，令 $u_L = 0$，整理可得 $\theta_L = p$。该式表示消费者选择纯租赁的临界线，当 $\theta \geqslant \theta_L$ 时，消费者选择使用纯租赁，故需求函数为：

$$D_L = 1 - p \tag{4-9}$$

代入利润函数（4-5），可得纯租赁模式下制造商利润优化模型：

$$\max_p \Pi_L = a\lambda D_L \left( p - c_e - \gamma \frac{m}{R} \right) - \eta D_L (C - W) \tag{4-10}$$

式（4-10）求导得最优价格为：$p^* = \dfrac{((1+c_e)a\lambda + \eta(C-wR))R + a\lambda\gamma m}{2a\lambda R}$。

### 4.3.3　混合模式下决策分析

该模式下，制造商对销售价格和租赁价格进行决策，然后消费者自行选择购买还是租赁。首先，分析需求函数。令 $u_S$ 与 $u_L$ 相减，$u_S - u_L = (1-a)\lambda\theta - \lambda c_e - \lambda\gamma\dfrac{m}{R} - f + a\lambda p$。很明显，$u_S - u_L$ 是关于 $\theta$ 的增函数。所以支付意愿较高的消费者更倾向于销售模式，令 $u_S - u_L = 0$，可得：$\theta_{HS} = \dfrac{\lambda c_e + \lambda\gamma m/R + f_H - a\lambda p_H}{(1-a)\lambda}$，当 $\theta \geqslant \theta_{HS}$ 时，消费者购买新能源汽车。又由于只有 $u_L > 0$ 的用户才会选择分时租赁，故 $\theta_{HL} = p_H$。当 $\theta_{HL} \leqslant \theta < \theta_{HS}$ 时，消费者选择分时租赁。由上述分析可知，低类型的用户会选择分时租赁，高类型的用户会选择销售模式。因此，需求函数为：

$$D_{HS} = 1 - \frac{\lambda c_e + \lambda\gamma m/R + f_H - a\lambda p_H}{(1-a)\lambda} \tag{4-11}$$

$$D_{HL} = \frac{\lambda c_e + \lambda\gamma m/R + f_H - a\lambda p_H}{(1-a)\lambda} - p_H \tag{4-12}$$

将两式代入利润函数（4-6），可得混合模式下制造商决策模型：

$$\max_{f_H, p_H} \Pi_H = (f_H - C + W) D_{HS} + a\lambda D_{HL} \left( p_H - c_e - \gamma \frac{m}{R} \right) - \eta D_{HL} (C - W) \tag{4-13}$$

联立求解 $\dfrac{\partial \pi_H}{\partial f_H} = 0$ 和 $\dfrac{\partial \pi_H}{\partial p_H} = 0$，可得最优价格为 $f_H^* = \dfrac{((1-c_e)\lambda + C - wR)R - \gamma\lambda m}{2R}$

和 $p_H^* = \dfrac{((1+c_e)a\lambda + \eta(C-wR))R + a\gamma\lambda m}{2a\lambda R}$。

### 4.3.4　各模式比较分析

将最优决策代入需求函数和利润函数，各模式下最优决策和最优利润整理为表 4 – 1。

**表 4 – 1** 　　　　　　　　　　**各模式最优决策、需求和利润比较**

| 商业模式 | 价格/需求/利润 | 最优决策、需求与利润 |
|---|---|---|
| 销售模式 | 价格 | $f^* = \dfrac{((1-c_e)\lambda + C - wR)R - \gamma\lambda m}{2R}$ |
| | 需求 | $D_S^* = \dfrac{((1-c_e)R - \gamma m)\lambda - (C - wR)R}{2R\lambda}$ |
| | 利润 | $\Pi_S^* = \dfrac{(((c_e-1)R + \gamma m)\lambda + (C - wR)R)^2}{4R^2\lambda}$ |
| 纯租赁模式 | 价格 | $p^* = \dfrac{((1+c_e)a\lambda + \eta(C - wR))R + a\gamma\lambda m}{2a\lambda R}$ |
| | 需求 | $D_L^* = \dfrac{((1-c_e)a\lambda - \eta(C - wR))R - a\gamma\lambda m}{2a\lambda R}$ |
| | 利润 | $\Pi_L^* = \dfrac{(a\lambda((c_e-1)R + \gamma m) + \eta(C - wR)R)^2}{4aR^2\lambda}$ |
| 混合模式 | 价格 | $f_H^* = \dfrac{(\lambda(1-c_e) + C - wR)R - \gamma\lambda m}{2R}$, <br> $p_H^* = \dfrac{((1+c_e)a\lambda + \eta(C - wR))R + a\gamma\lambda m}{2a\lambda R}$ |
| | 需求 | $D_{HS}^* = \dfrac{((1-c_e)R - \gamma m)\lambda}{2R\lambda} - \dfrac{(1-\eta)(C - wR)}{2(1-a)\lambda}$, <br> $D_{HL} = \dfrac{(C - wR)(a-\eta)}{2(1-a)a\lambda}$ |
| | 利润 | $\Pi_H = \Pi_S^* + \dfrac{(C - wR)^2(a-\eta)^2}{4(1-a)a\lambda}$ |

下面先分析给定补贴额度的情况下，企业的分时租赁模式采用策略。

**命题 4 – 1** （1）当 $\eta < a$ 时，若 $(1-c_e) - \gamma\dfrac{m}{R} > \dfrac{(1-\eta)K}{(1-a)\lambda}$，混合模式是最优选择；（2）当 $\eta < a$ 时，若 $(1-c_e) - \gamma\dfrac{m}{R} > \dfrac{\eta K}{a\lambda}$ 且 $(1-c_e) - \gamma\dfrac{m}{R} < \dfrac{(1-\eta)K}{(1-a)\lambda}$，制造商应该采用纯租赁模式；（3）当 $(1-c_e) - \gamma\dfrac{m}{R} > \dfrac{K}{\lambda}$ 且 $\eta > a$ 时，制造商

应该采用销售模式。其中，$K$ 在补贴时为 $C - wR$，不补贴时为 $C$。

本命题说明了各商业模式之间的关系，利用一张图直观表示本命题。令 $z = (1 - c_e) - \gamma \dfrac{m}{R}$ 为因变量，$\eta$ 为自变量。$z$ 的直观含义是最大支付意愿的消费者使用一次汽车获得的效用。由于 $\gamma \dfrac{m}{R}$ 反映了新能源车技术水平（电池容量和充电技术），所以 $z$ 可以解释为技术水平，而且技术水平越高，使用成本、充电成本越低，故 $z$ 越大。上述命题中所有函数均为直线，根据斜率的关系以及各线交点，可以画出图 4-1。由于合并效应系数与合并效应程度为相反关系，即 $\eta$ 越小，合并效应越大，这不利于阅读。故后文图中坐标均将合并效应系数 $\eta$ 转化为合并效应程度 $1 - \eta$（包括第 5 章和第 6 章），如图 4-1 所示。

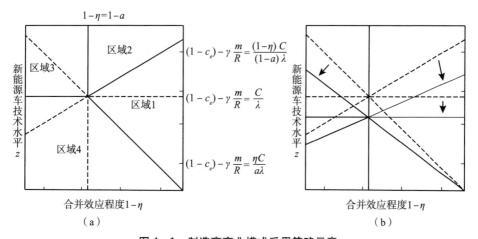

**图 4-1　制造商商业模式采用策略示意**

图 4-1 展示了不同技术水平、合并效应水平和政策补贴下企业的策略选择。图 4-1（a）为不考虑补贴时企业的商业模式选择，图 4-1（b）为引入补贴造成的变化。图 4-1（a）中区域 1 为企业实施纯租赁模式的区域；区域 2 为混合模式的区域；区域 3 为销售模式的区域；区域 4 内没有商业模式可行。图 4-1（b）中引入补贴后各临界线相应变化，可以发现，加入补贴使得混合模式和销售模式的区域变大，但纯租赁模式的区域面积有增大也有减小。对其积分，纯租赁模式变化面积为 $-\dfrac{aW}{2(1-a)\lambda}$，故补贴的增加使得纯租赁模式的

可行区域变小。

命题 4 - 1 对企业商业模式采用策略具有丰富的启示。总体来说，合并效应、新能源车技术水平和新能源车补贴决定了企业商业模式的策略。由于第 3 章已讨论过，合并效应的水平实际上是反映了企业的分时租赁运营能力（比如服务率高能够提升合并效应，而服务率反映了企业的分时租赁运营能力）。因此，具体来说，当分时租赁运营能力较差时，合并效应较小（$\eta > a$），企业应该采取销售模式。当分时租赁的运营能力相对较高时（$\eta < a$），企业应该权衡技术水平和运营能力的关系，若技术水平较高（相应成本较低），企业应该采取混合模式；若运营能力较强，企业应该采取纯租赁模式。新能源车补贴能够促使企业从纯租赁模式向混合模式转变，但无法实现销售模式和分时租赁（包括混合模式和纯租赁模式）之间的转化。另外，直线 $\eta = a$ 划分了分时租赁与销售区域，而 $\eta$ 和 $a$ 反映了分时租赁带来的两种作用，合并效应系数 $\eta$ 表示车辆利用率提升从而降低成本的作用，服务满足率 $a$ 反映了分时租赁带给消费者额外的成本或损失。因此，$\eta$ 和 $a$ 的关系反映了分时租赁的效率，即分时租赁能够降低投入，同时也降低产出。$\eta < a$ 表示投入减小的程度大于产出减小的程度，即分时租赁带来的收益大于损失，此时企业会选择分时租赁。

由图 4 - 1 可知，随着技术水平的提升，混合模式和销售模式的区域明显大于纯租赁模式。由此可以推断，当技术水平相对较高时，企业更倾向于选择销售模式和混合模式。现实中新能源车电池和充电技术逐渐提升，大部分企业都采用销售模式和混合模式，这说明该结论与实际情况是相符的。虽然现实中没有纯租赁模式的例子，但对于理解未来趋势仍具有意义。自动驾驶技术能够实现车辆自动寻找用户，这可能提升企业的分时租赁运营能力。若该技术成功研发，制造商可能会更倾向于采用纯租赁模式。

以上分析了分时租赁模式采用策略，下面分析分时租赁的影响。

命题 4 - 2　当 $\eta < a$ 时，纯租赁与混合模式的需求量大于销售模式，反之则销售模式需求量更大；混合模式需求量总是大于纯租赁模式；混合模式下销售价格与销售模式的销售价格相等，混合模式下分时租赁价格与纯租赁模式下价格相等；当 $z > \dfrac{(C - wR)(\eta - 1) + 2a\lambda}{(a + 1)\lambda}$ 时，销售价格 $f$ 大于分时租赁服务的总价格 $a\lambda p$，反之，则分时租赁总价格高于销售价格。

由本命题可知，分时租赁模式可以增加用车需求和降低价格，但存在条件。(1) 合并效应较大时（即 $\eta < a$ 时），企业采用混合模式和纯租赁模式能够获得更大的需求量，这有利于促进新能源汽车的推广。其原因是，合并效应反映了分时租赁服务的效率，这使得企业成本下降，进而降低价格（由表 4-1 可知，$p^*$ 和 $p_H^*$ 随 $\eta$ 减），这最终促进了需求。相比之下，混合模式对需求的增加作用更加明显。(2) 当新能源车技术水平较高时，消费者使用分时租赁（包括混合模式和纯租赁模式）所支付的价格比销售模式要更低。而新能源车技术水平更低时，销售价格要更低。其原理是，销售模式下消费者承担充电不便捷成本，而技术水平提升帮助消费者减少了该成本，这使得消费者效用更高，故企业可以定更高的销售价格。分时租赁中企业承担充电不便捷成本，所以技术水平提升使企业有更多降价空间，以吸引更多需求。

命题 4-2 说明商业模式会影响企业的需求和价格，而需求和价格的变化会影响总消费者剩余。接下来分析不同商业模式下总消费者剩余。

**命题 4-3**　混合模式下消费者剩余是最高的；当 $z > \dfrac{\sqrt{a}-\eta}{(1-\sqrt{a})\sqrt{a}}\dfrac{C-W}{\lambda}$ 时，销售模式剩余高于纯租赁模式，反之，纯租赁模式消费者剩余高于销售模式。

本命题说明分时租赁能够使消费者获利。具体来说，混合模式对消费者最有利，销售模式和纯租赁模式则各有优势。当新能源车技术水平较高时，销售模式对消费者更有利，当新能源车技术水平较低时，纯租赁模式则更有利。但所有条件下，混合模式比其他两种模式更有利于消费者。将上述三个命题结合，纯租赁和混合模式能够丰富企业和消费者的选择，能够同时改善消费者剩余和企业利润，但存在条件。合并效应较高（或运营能力较强）是实现同时改进的条件。同时该条件也是分时租赁促进新能源车推广的条件（即新能源车需求大于销售模式的条件）。

综上，分时租赁能够帮助改善企业和消费者的利益。分时租赁能够提升需求并降低价格，这促进了新能源车推广，故对环境也是有益的；在合并效应较大时，企业倾向于采用纯租赁模式；在新能源车技术水平较高时，企业倾向于采用混合模式和销售模式。现实中，政府在新能源车推广中起了关键作用，由推论可知，补贴并不是单纯影响企业利润和消费者剩余，还会改变商业模式决策。接下来通过演化博弈进一步分析。

## 4.4　商业模式采用策略的演化博弈分析

在政府补贴与制造商商业模式采用的博弈中，政府希望通过补贴刺激新能源车的需求，而制造商通过采用合理的商业模式追求利润最大化。制造商有三个可选策略，即销售模式、纯租赁模式和混合模式，政府可以选择补贴也可以选择不补贴。设政府进行补贴的概率是 $x$，不补贴的概率为 $1-x$；制造商群体选择销售模式的比例为 $y_1$，选择纯租赁的比例为 $y_2$，混合模式比例为 $1-y_1-y_2$。支付矩阵见表 4-2。

**表 4-2**　　　　　　　　　　　　**博弈双方支付矩阵**

| 商业模式 | | 补贴 $x$ | 不补贴 $1-x$ |
|---|---|---|---|
| 销售模式 $y_1$ | 制造商收益 | $\Pi_S$ | $\hat{\Pi}_S$ |
| | 政府收益 | $D_S(U-wR)$ | $\hat{D}_S U$ |
| 纯租赁模式 $y_2$ | 制造商收益 | $\Pi_L$ | $\hat{\Pi}_L$ |
| | 政府收益 | $D_L(U-\eta wR)$ | $\hat{D}_L U$ |
| 混合模式 $1-y_1-y_2$ | 制造商收益 | $\Pi_H$ | $\hat{\Pi}_H$ |
| | 政府收益 | $D_{HS}(U-wR)+D_{HL}(U-\eta wR)$ | $(\hat{D}_{HS}+\hat{D}_{HL})U$ |

表 4-2 为制造商与政府的支付矩阵。该表中，$U$ 表示新能源车需求每增加一单位给政府带来的收益，该收益包含了环境收益，比如新能源车减少了排放从而降低雾霾等。$wR$ 是为每辆新能源车支付的补贴。由于分时租赁存在合并效应，而且补贴是按车支付，所以相应模式下政府只需支付 $\eta wR$ 的补贴。由此可以看出，如果政府进行补贴，这会刺激新能源车需求，但政府要承担额外的支出。若不进行补贴，政府能够节省支出，但需求会减小。对于制造商而言，不同商业模式能够获得不同的利润，同时获得的补贴也会随着不同模式需求量变化而变化。其决策复杂性在于，企业转换了商业模式后，补贴也会变化，两者存在相互影响，故必须采取博弈框架分析。利用"^"号表示没有补

贴时的利润与需求（即 $w = 0$）。为了构建复制动态演化方程，下面先计算制造商与政府的期望利润与收益。首先，制造商选择销售模式的期望利润为 $\Pi_1 = x\Pi_S + (1 - x)\hat{\Pi}_S$；制造商选择纯租赁的期望利润为 $\Pi_2 = x\Pi_L + (1 - x)\hat{\Pi}_L$；制造商选择混合模式的期望利润为 $\Pi_3 = x\Pi_H + (1 - x)\hat{\Pi}_H$。因此，制造商群体的平均期望利润为：

$$\bar{\Pi} = y_1\Pi_1 + y_2\Pi_2 + (1 - y_1 - y_2)\Pi_3 \tag{4-14}$$

其次，考虑政府进行决策的期望收益。政府选择补贴的期望收益为 $\pi_1 = y_1 D_S(U - W) + y_2 D_L(U - \eta W) + (1 - y_1 - y_2)(D_{HL}(U - \eta W) + D_{HS}(U - W))$；政府选择不补贴的期望收益为 $\pi_2 = (y_1\hat{D}_S + y_2\hat{D}_L + (1 - y_1 - y_2)(\hat{D}_{HL} + \hat{D}_{HS}))U$。因此，政府获得的平均期望收益为：

$$\bar{\pi} = x\pi_1 + (1 - x)\pi_2 \tag{4-15}$$

根据复制动态演化方程，可得该演化博弈的动态系统如下。

$$\begin{cases} F_1(x, y_1, y_2) = \dfrac{\mathrm{d}x}{\mathrm{d}t} = x(\pi_1 - \bar{\pi}) \\[2mm] F_2(x, y_1, y_2) = \dfrac{\mathrm{d}y_1}{\mathrm{d}t} = y_1(\Pi_1 - \bar{\Pi}) \\[2mm] F_3(x, y_1, y_2) = \dfrac{\mathrm{d}y_2}{\mathrm{d}t} = y_2(\Pi_2 - \bar{\Pi}) \end{cases} \tag{4-16}$$

将上述动态方程联立，可以得到平衡点 $(\hat{x}, \hat{y}_1, \hat{y}_2)$ 使得 $\dfrac{\mathrm{d}x}{\mathrm{d}t} = 0$，$\dfrac{\mathrm{d}y_1}{\mathrm{d}t} = 0$ 且 $\dfrac{\mathrm{d}y_2}{\mathrm{d}t} = 0$ 同时成立。令 $M_i = D_i(U - W) - \hat{D}_i U$，$M_j = D_j(U - \eta W) - \hat{D}_j U$ $(i \in \{S, HS\}$ 和 $j \in \{L, HL\})$，计算得到 9 个平衡点：$\left(-\dfrac{\hat{\pi}_H - \hat{\pi}_L}{-\pi_L + \hat{\pi}_L + \pi_H - \hat{\pi}_H}, 0, \dfrac{-M_{HL} - M_{HS}}{M_L - M_{HL} - M_{HS}}\right)$，$\left(-\dfrac{-\hat{\pi}_S + \hat{\pi}_H}{-\pi_S + \hat{\pi}_S + \pi_H - \hat{\pi}_H}, \dfrac{-M_{HL} - M_{HS}}{M_S - M_{HL} - M_{HS}}, 0\right)$，$(0, 0, 0)$，$(1, 0, 0)$，$(0, 1, 0)$，$(0, 0, 1)$，$(1, 0, 1)$，$(1, 1, 0)$，$\left(-\dfrac{\hat{\pi}_L - \hat{\pi}_S}{\pi_L - \hat{\pi}_L - \pi_S + \hat{\pi}_S}, \dfrac{M_L}{M_L - M_S}, -\dfrac{M_S}{M_L - M_S}\right)$。

采用与黄麟等（2019）相同的方法分析平衡点的稳定性，先引用一个微分方程自治系统的定理（丁同仁和李承治，2004）。

**定理 4 - 1** 对于微分方程自治系统 $\dfrac{\mathrm{d}X}{\mathrm{d}t} = JX + O(X)$，其中，$J$ 为常矩阵，$O(X)$ 为 $X$ 的高次项，即满足 $\lim\limits_{|X| \to 0} \dfrac{|O(X)|}{|X|} = 0$。若 $J$ 的全部特征根都具有负的实部，则该系统的零解是渐进稳定的；若 $J$ 的特征根中至少一个的实部为正，则该系统的零解是不稳定的。

依据此定理，将动态系统（4 - 16）近似为线性系统。令 $\dfrac{\mathrm{d}F}{\mathrm{d}t} = J(\hat{x}, \hat{y}_1, \hat{y}_2)[x, y_1, y_2]^T$，其中：

$$
J(\hat{x}, \hat{y}_1, \hat{y}_2) = \begin{bmatrix} \dfrac{\partial F_1}{\partial x} & \dfrac{\partial F_1}{\partial y_1} & \dfrac{\partial F_1}{\partial y_2} \\[2mm] \dfrac{\partial F_2}{\partial x} & \dfrac{\partial F_2}{\partial y_1} & \dfrac{\partial F_2}{\partial y_2} \\[2mm] \dfrac{\partial F_3}{\partial x} & \dfrac{\partial F_3}{\partial y_1} & \dfrac{\partial F_3}{\partial y_2} \end{bmatrix} \tag{4 - 17}
$$

由于该矩阵具体形式较长，故仅在附录中给出。当 $(\hat{x}, \hat{y}_1, \hat{y}_2)$ 为给定点（即上述 9 个平衡点）时，该矩阵为常矩阵，故动态系统的稳定性可以通过上述定理进行判定。

**命题 4 - 4** （1）当 $(1 - c_e) - \gamma \dfrac{m}{R} > \max \left\{ \dfrac{(a + \eta^2 - 2a\eta)(C - wR)}{a(1 - a)\lambda} + \dfrac{\eta U}{a\lambda}, \right.$ $\left. \dfrac{(1 - \eta)C}{(1 - a)\lambda} \right\}$ 且 $\eta < a$ 时，$(0, 0, 0)$ 为稳定的均衡点；（2）若 $\eta < a$ 且 $\dfrac{(1 - \eta)C}{(1 - a)\lambda} >$ $(1 - c_e) - \gamma \dfrac{m}{R} > \min \left\{ \dfrac{(a + \eta^2 - 2a\eta)(C - wR)}{a(1 - a)\lambda} + \dfrac{\eta U}{a\lambda}, \dfrac{U + (C - wR)\eta}{a\lambda} \right\}$，$(0, 0, 1)$ 为稳定的均衡点；（3）若 $(1 - c_e) - \gamma \dfrac{m}{R} > \dfrac{U + C - W}{\lambda}$ 且 $\eta > a$，$(0, 1, 0)$ 为稳定的均衡点；（4）当 $\dfrac{(1 - \eta)(C - W)}{(1 - a)\lambda} < (1 - c_e) - \gamma \dfrac{m}{R} < \dfrac{(a + \eta^2 - 2a\eta)(C - wR)}{a(1 - a)\lambda} + \dfrac{\eta U}{a\lambda}$ 且 $\eta < a$ 时，$(1, 0, 0)$ 为稳定的均衡点；（5）若 $\eta < a$ 且 $\dfrac{\eta(C - W)}{a\lambda} < (1 - c_e) -$ $\gamma \dfrac{m}{R} < \min \left\{ \dfrac{U + (C - wR)\eta}{a\lambda}, \dfrac{(1 - \eta)(C - wR)}{(1 - a)\lambda} \right\}$，$(1, 0, 1)$ 为稳定的均衡点；（6）若 $\dfrac{U + C - W}{\lambda} > (1 - c_e) - \gamma \dfrac{m}{R} > \dfrac{C - wR}{\lambda}$ 且 $\eta > a$，$(1, 1, 0)$ 为稳定的均

衡点。

利用图像直观表示命题 4-4。将命题 4-4 与命题 4-1 结合,可以得出均衡的区域(见图 4-2)。

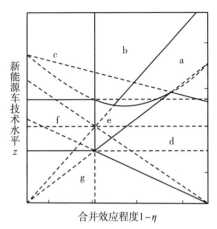

**图 4-2　各情况下企业与政府的均衡决策选择**

将命题 4-4 中各条件取等号,即得到多条临界线。将临界线全部画在图中,并且根据临界线含义,令临界线中起作用的部分为实线,不起作用的部分为虚线,即可得到图 4-2。为了与图 4-1 区分,该图中用英文字母标示区域。图 4-2 中区域 a 表示政府不进行补贴,制造商采用纯租赁模式,将该均衡简记为(不补贴,纯租赁);区域 b 表示(不补贴,混合);区域 c 表示(不补贴,销售);区域 d 表示(补贴,纯租赁);区域 e 表示(补贴,混合);区域 f 表示(补贴,销售);区域 g 为企业不生产新能源汽车的区域。

图 4-2 揭示了丰富的管理意义。首先,政府仅会在技术水平相对不高的情况下进行补贴,但当技术水平太低时,政府也不会进行补贴。与不补贴区域相比,补贴区域对应的技术水平相对较低,但随着技术水平继续降低(区域 g)时,政府会停止补贴。现实中,新能源汽车的电池技术逐渐提升,政府的新能源车补贴也随之退坡,这与本章结论相符。其次,分时租赁运营能力与技术水平是互补关系。在图中,该结论主要反映在:随着合并效应的增大,区域 g 逐渐减小,这说明运营能力提升了合并效应,而合并效应弥补了技术水平的不足。接下来分析分时租赁的影响。

**推论 4 – 1** 合并效应相对较大时（$\eta < a$），与销售模式比较，分时租赁的存在既能够改善企业利润和消费者剩余，也能够改善政府收益，并推广新能源汽车。

根据表 4 – 2 可知，纯租赁和混合模式的合并效应能够提升政府收益率（即 $U - \eta wR > U - wR$），而且前文已证明，$\eta < a$ 时，纯租赁和混合模式下新能源车需求量会提升。因此，纯租赁和混合模式下政府收益会高于销售模式，再结合前文结论，即可得到该推论。

该结论的管理意义在于，首先，该结论支持政府鼓励新能源分时租赁的政策措施，同时也解释了政府对分时租赁所表现的态度（如成都、上海、深圳等城市均出台鼓励指导分时租赁的文件）。也就是说，分时租赁模式存在很多好处，比如推广新能源、增加消费者剩余等，所以政府对分时租赁的支持政策是合理的。其次，本书模型支持补贴与分时租赁间存在正向联系，但并不说明制造商是因为政府补贴而采用纯租赁或混合模式。前文结论已说明补贴不会使销售模式向纯租赁或混合模式转化，企业采用分时租赁的关键原因是合并效应。换句话说，汽车企业看重的是分时租赁模式能够以更少的车辆满足更多的需求，这本质上是追求服务化转型，而非单纯为了补贴。据人民网报道，2018年丰田总裁丰田章男表示，丰田要从一家汽车公司转变为出行公司，竞争对手是像谷歌、苹果甚至 Facebook 一样的公司。大众、通用和宝马也持此观点①。这些观点佐证了，企业"共享化"背后动机是分时租赁本身，而非补贴。该结论也呼应了引言中构建的技术、政策和分时租赁特征的框架，即本章构建的三个因素中代表分时租赁因素的合并效应是企业采用分时租赁的关键。

从企业策略的角度总结管理意义。技术水平、合并效应和政府补贴政策共同决定了商业模式，但三种因素的作用各有不同。在销售模式与分时租赁之间的决策主要取决于合并效应，合并效应足够大时，企业采用分时租赁必然好于销售模式，其他因素并不决定销售与分时租赁间的选择。而技术水平决定了纯租赁与混合模式间的选择，当技术水平相对较高，混合模式是更好的选择，而技术水平相对较低时，纯租赁是较好的选择。补贴政策的作用是改变技术水平

---

① 汽车之家. 纷纷转型，车企为共享出行占了多少坑［DB/OL］. 人民网，http：//auto. people. com. cn/gb/n1/2018/0322/c1005 – 29882397. html，2018 – 03 – 22.

的影响，该影响包括两类，即扩大可行区域和促进纯租赁转化为混合模式。具体来说，当技术水平过低时，企业应该选择不生产新能源车，但补贴在一定程度上弥补了技术水平的缺陷，这扩大了各商业模式的可行区域；由图 4 - 1 和图 4 - 2 比较可知，补贴使得原本实施纯租赁的区域转变为混合模式。接下来通过图 4 - 3 观察补贴变化对商业模式的影响。

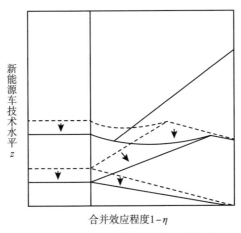

**图 4 - 3　补贴变化对商业模式采用的影响**

图 4 - 3 中，虚线表示图 4 - 2 中相应原临界线，当补贴金额增加，原曲线向箭头方向移动（各区域相对位置保持不变）。结合图 4 - 2 可知，补贴金额的变化主要影响补贴区域的变化。当补贴金额增加时，政府进行补贴的区域会向下移动，即补贴金额的增加有利于低技术水平的情况，但不利于高技术水平的情况，而补贴金额的变化也会影响商业模式的采用。由此得出总结：最优补贴金额不仅应该考虑对利润的影响，还应该考虑对商业模式的影响。

综上，本章分析了企业的分时租赁模式的采用策略，并研究了分时租赁模式的采用对企业、消费者、政府和环境的影响。具体来说，纯租赁和混合模式的存在有利于企业利润、消费者剩余、政府收益和新能源汽车的推广，实现这些因素同时改善的基本条件是，合并效应必须存在且合并效应程度应较高。企业应该在合并效应较大时采用分时租赁，纯租赁和混合模式间的决策应依据技术水平和补贴政策而定。简言之，技术水平较高或政府进行补贴时企业应该更倾向于混合模式，分时租赁的运营能力较强或技术水平较低时，企业应该更倾向于纯租赁模式。

## 4.5　数值实验

为了验证博弈均衡，并通过观察演化过程得到更多的结论。接下来对本章模型进行数值实验。实验的基本思路和步骤是，首先，选取多组参数分别对应于图 4 - 2 中各区域；其次，给定 $x$、$y_1$ 和 $y_2$ 取多组不同初始值，在各组参数下，观察演化过程与结果，从而验证对应参数下的均衡与命题 4 - 4 相符；最后，观察演化过程总结演化特点。

先观察区域 a 的演化情况。给定基本参数取值如下：$c_e = 0.5$，$\lambda = 50$，$C = 6$，$w = 0.5$，$R = 3$，$\gamma = 1.2$，$m = 1$，$a = 0.8$，$\eta = 0.1$，$U = 20$。该组取值代入计算可知，参数符合图 4 - 2 中区域 a 的条件（具体见命题 4 - 4），此时政府与企业博弈结果为（不补贴，纯租赁）。令 $x$、$y_1$ 和 $y_2$ 取不同初始点观察演化过程（如图 4 - 4 所示）。图中浅色线表示不同初始点向均衡点演化的路径，由于概率之间的关系，即 $y_1 + y_2 \leqslant 1$，演化路径一定在三棱柱（黑线框）

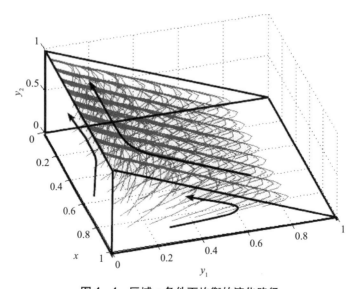

**图 4 - 4　区域 a 条件下均衡的演化路径**

的范围内。图中用三条黑色箭头实线表示总体趋势，三棱柱不同面上的实线表示不同视图下的趋势。比如，鸟瞰所有路径可以发现整体趋势是向均衡点（0，0，1）移动的曲线，故得到斜面上的箭头曲线。其他两个面上的实线表示左视图和前视图的总体趋势。后续各图都由类似规则画出。

由图4-4可以发现，当区域a的条件被满足，无论起始点取何值，最终均衡点都是（0，0，1）。这验证了本章求解的均衡。观察路径趋势，企业并不是直接采用纯租赁模式，而是$y_1$和$y_2$先同时增加，然后随着$y_2$的持续增加，$y_1$会逐渐减小，而补贴比例$x$在$y_2$演化为1之前不会产生较大的变化。从管理意义上来解读，由于该情况下合并效应较强同时技术水平较高，该条件对于采取销售模式和纯租赁模式都较为有利，所以复制动态的结果是，企业策略先向两个方向演化，但由于合并效应非常大，随着纯租赁的比例增加，纯租赁的优势逐渐凸显，最终销售模式的比例开始减小。该情况下，政府行为的特点是，政府会等待纯租赁比例增大到较高程度，才会改变补贴比例。从数理上来理解，企业策略暂时向销售和纯租赁演化，而不是直接向最优的纯租赁演化，主要是因为企业是有限理性的，企业的决策是依据当前的观察。而当纯租赁比例$y_2$较小时，纯租赁利润的权重较小，对微分过程的影响也较小，所以部分企业无法清楚地认识到纯租赁是占优的策略，从而导致双向演化。

图4-5为区域b的演化路径，对应参数满足该区域的条件。可以发现，该区域内，无论初始点为何值，最终均衡都会向（0，0，0）演化，这验证了该区域的均衡。观察该情况下演化路径，$y_2$表现为持续下降趋势，$y_1$先增后减，这说明销售模式先增加，再逐渐转向混合模式。这一情况与区域a的情况类似，在合并效应减小后，纯租赁模式与混合模式相比逐渐失去优势，所以纯租赁模式的比例呈单减趋势，但技术水平相对较高的情况下，销售模式对企业仍有一定吸引力，所以销售模式比例会先增。但该条件下占优模式为混合模式，其优势会逐渐凸显，最终得到混合模式的均衡。补贴比例随着$y_2$的减小而逐渐明显变化，即纯租赁比例减小后补贴才开始减小。这是因为该图对应的情况并不利于纯租赁，采取纯租赁的企业会受到一定损失，此时虽然政府的均衡决策是不提供补贴，但政府并不会马上取消补贴。

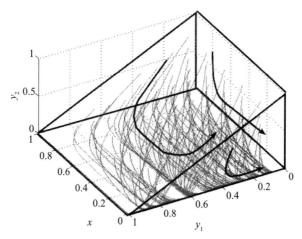

图 4 - 5 区域 b 条件下均衡的演化路径

如图 4 - 6 所示，该区域内演化均衡点为 (0，1，0)，参数取值对应于区域 c 的条件。该区域内，$y_2$ 随着 $y_1$ 的增大表现出先增后减的趋势，$y_1$ 会逐渐增大，而 $x$ 会在 $y_1$ 足够大时才逐渐趋于 0。这一变化趋势与区域 a 和区域 b 的变化趋势具有共同点，补贴的比例都会等待商业模式比例变化到一定程度才会发生较明显的变化。其中管理意义在于，政府补贴比例的变化不是一蹴而就，而是依据企业商业模式而定。而企业转变商业模式的规律也不是直接向最优商业模式转变，而是会受到其他商业模式的影响，逐渐演变为对企业最有利的商业模式。

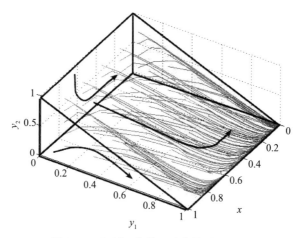

图 4 - 6 区域 c 条件下均衡的演化路径

如图 4 - 7 所示，该组参数满足区域 d 的条件，该区域内演化均衡点为 (1，0，1)。该区域的演化过程中，$x$、$y_1$ 和 $y_2$ 并没有表现出明显的增减转换，基本上都是从各个起始点直接向均衡点演化，这说明区域 d 的演化路径与之前趋势有一定区别。由于该组参数增大了充电不便捷性参数 $\gamma$，即降低了技术水平，而且由前文结论可知，技术水平较低时，纯租赁模式的优势较为明显，因此，该情况下演化路径并没有表现出先偏离然后回归最优商业模式的特征。

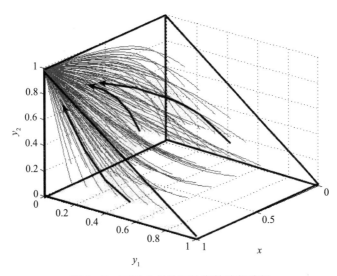

**图 4 - 7　区域 d 条件下均衡的演化路径**

如图 4 - 8 所示，该组参数满足区域 e 的条件，该区域内均衡策略为 (1，0，0)。该区域内，$y_2$ 会较快下降，$y_1$ 总体上呈现先增后减的趋势。对于 $x$ 比例相对较高的情况，$x$ 的下降速度为先慢后快，当 $x$ 相对较低时，$x$ 的下降速度为先快后慢。这说明该条件下纯租赁模式的比例会较快减小，但销售模式比例会先增加，随着纯租赁比例降低，销售模式会逐渐减少，最终达到均衡。同时该图像说明演化过程具有路径依赖的特征（即依赖于起始点），但演化结果不依赖于起始点的位置。比如，$x$ 的演化路径依赖于起始点，但最终结果都相同。

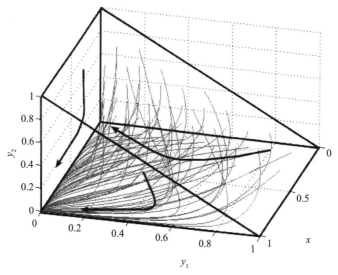

**图 4-8　区域 e 条件下均衡的演化路径**

如图 4-9 所示，该组参数满足区域 f 的条件，该区域内均衡策略为 (1，1，0)。该区域内，总体上，$y_2$ 会先增后减，$y_1$ 和 $x$ 逐渐增加，但速度是先慢后快。这说明该条件下，纯租赁的比例会先增加，当销售模式比例增加到一定程度时，纯租赁比例再减少。同样地，图 4-9 也表现出路径依赖特征。

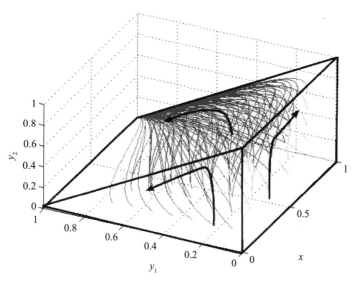

**图 4-9　区域 f 条件下均衡的演化路径**

综上，通过数值实验可知，发现即使外部条件（比如市场条件、技术条件等）使得某商业模式成为占优的模式，商业模式的演变也不是一蹴而就的。在很多情况下，商业模式的演变会经历转折，比如，图 4 - 9 中虽然销售模式是占优的，但纯租赁模式也会暂时出现增长趋势。政府补贴策略也是如此，部分情况下虽然政府不进行补贴是占优的决策，但政府会暂时增加补贴比例。这种反常的趋势主要来源于有限理性的判断，比如市场中占优模式的比例较低情况下，这会给占优模式施加一个较低的权重，从而改变企业和政府的判断。另一个主要结论是，商业模式的演变过程具有路径依赖特征，但最终演变结果不依赖于初始条件。

## 4.6　本 章 小 结

本章利用演化博弈模型研究制造商的分时租赁模式采用策略及其影响，主要考虑了新能源车补贴、技术水平和合并效应三方面因素，探讨了各因素在企业商业模式采用中的影响，从而总结分时租赁模式采用策略。通过比较各模式下最优利润、需求等因素，研究分时租赁模式对企业、消费者和政府的影响，并验证分时租赁对新能源车的推广作用。总体来说，分时租赁模式能够改进企业利润和消费者剩余，同时改善政府收益和推广新能源汽车。该结论解释了各级政府对分时租赁的支持态度。具体来说，本章有如下结论。

（1）合并效应、技术水平和新能源车补贴共同决定了分时租赁模式采用策略，但三种因素的作用有所区别。合并效应对企业在销售与分时租赁之间的选择具有决定性作用。技术水平决定了纯租赁和混合模式之间的选择，纯租赁模式较适于技术水平较低的情况，混合模式则适于技术水平较高的情况。新能源车补贴主要产生两种作用：一是扩大可行区域，即补贴的存在一定程度上弥补了较低的技术水平，这减小了不生产新能源汽车的参数区域；二是促进商业模式转化，即补贴能够促使纯租赁模式向混合模式转化，但是不能促进销售模式向纯租赁和混合模式转化。该结论说明，在本章构建的三个动因中，企业采用分时租赁的根本动因是合并效应，而非补贴和技术水平。

（2）混合模式比其他模式更加有利于消费者剩余，销售模式与纯租赁模式对消费者剩余的影响取决于合并效应，即合并效应较高时纯租赁模式的消费者剩余较高。根据企业分时租赁采用的结论，合并效应较高也是企业采用纯租赁和混合模式的条件。这说明分时租赁改善企业利润的同时，也会改善消费者剩余。而且，合并效应较大时，纯租赁和混合模式也会提升需求量，这说明更多消费者愿意选择新能源汽车，即有利于新能源车推广。

（3）只有在技术水平相对较低时，政府才有进行新能源车补贴的动机。也就是说，随着新能源车技术水平的提升，政府会选择不补贴。这与新能源车补贴退坡的事实相符合。纯租赁和混合模式有利于改善政府收益，即由于合并效应存在，政府支付的补贴数额减少，但新能源车需求增加。

（4）根据数值实验可知，企业的商业模式演化过程并不一定是直接向最优商业模式演化，而是先表现出偏离最优商业模式或向多商业模式演化，再最终演化为最优商业模式。政府的补贴决策也不仅依据最优的均衡商业模式，还依据市场中各商业模式的比例。另外，各起始点的演化路径表现出不同特征，这说明企业商业模式与政府补贴的博弈具有路径依赖的特征，但均衡结果不依赖于路径。

# 第5章 考虑新能源车特征的汽车制造商分时租赁模式采用及产品设计策略

## 5.1 引　　言

本章研究分时租赁与产品设计的关系，包括分时租赁模式采用策略与产品设计策略的相互作用，以及分时租赁模式对企业和环境的影响。本章与前文为递进关系，将分时租赁模式采用策略问题延伸为分时租赁与产品设计结合的问题。

产品设计的概念太广泛，在研究之前必须界定本章的讨论范围。国内大部分分时租赁车型为新能源汽车，所以本章主要讨论新能源汽车的产品设计。又由于新能源汽车与燃油汽车的关键区别在于电池，这符合常识且相关研报也支撑该观点（如中汽协报告）。所以，本章新能源车产品设计的主要内容是电池设计，具体包括电池初始容量和衰减速率等。

新能源车的电池技术给环境带来改善的同时，也给消费者使用带来了麻烦，比如充电不便捷和电池衰减。这一技术上的硬伤阻碍了新能源汽车发展。根据中国汽车工业协会统计，2022 年我国新能源汽车销量达 688.7 万辆，同比增长了 93.4%①。但从总量上来看，公安部数据显示，截至 2023 年 9 月，全国机动车保有量达 4.3 亿辆，新能源汽车仅有 1821 万辆②。这说明消费者对

---

① 刘垠. 2022 年我国新能源汽车销售 688.7 万辆［DB/OL］. 光明网，https：//baijiahao. baidu. com/s？id=1762108156443868221&wfr=spider&for=pc，2023-04-03.

② 新华社. 我国新能源汽车保有量达 1821 万辆［DB/OL］. 中华人民共和国中央人民政府，https：//www. gov. cn/lianbo/bumen/202310/content_6908192. htm，2023-10-10.

新能源汽车接受程度仍然偏低。中汽协报告统计了消费者放弃新能源车的原因，所有原因都与电池有关（比如续航问题、二手残值等）。因此，新能源车电池技术上的短板是造成新能源车接受程度低的主要原因。

分时租赁和产品设计是缓解该问题的两种思路。（1）分时租赁模式下消费者不需要承担充电和保养责任，故分时租赁有利于避免新能源车的短板。（2）改进新能源车电池设计，通过提升电池容量（对应于续航问题）和减缓电池衰减，从而缓解新能源车短板的不利影响。这两个角度并不孤立，分时租赁模式改变了成本分担，从而改变了产品设计的激励，同时，不同设计又会影响企业利润，从而改变商业模式采用策略。这种相互影响较为复杂，需要深入研究。

综上，基于电池的基本原理，利用初始容量和衰减率刻画电池容量的变化过程。以此为基础，在销售、纯租赁和混合模式下构建制造商产品设计模型，并求解最优设计策略。通过比较各模式下设计策略，研究商业模式与设计策略的相互关系，并分析分时租赁模式同时改进企业利润和环境的条件。

## 5.2　模型与假设

考虑一个新能源汽车制造商向消费者以销售或分时租赁的方式提供新能源汽车（记为 $e$）的经济系统。制造商有三种商业模式可以选择，即销售模式 $S$、纯租赁模式 $L$、分时租赁与销售结合的混合模式 $H$。在销售模式下，制造商以价格 $f$ 销售新能源汽车；在纯租赁模式下，制造商按照每公里收取租赁价格 $p$ 的方式提供分时租赁服务；在混合模式下，制造商同时提供销售模式和分时租赁模式给消费者进行选择。该商业模式的假设承接上文，故不赘述其合理性。后文中行驶里程、合并效应、服务满足率等假设均延续上文，其合理性也不赘述。

根据相关文献（Lim M K et al., 2014；Avci B et al., 2014）可知，新能源汽车电池技术的短板主要包括里程限制、充电不便捷和电池衰减。本章仅考虑充电不便捷和电池衰减两个特征，不考虑里程限制的理由如下：里程限制是指由于电池容量有限，消费者可能会在行驶途中失去电力，从而对消费者行驶里程造成限制。然而，由于主流新能源汽车电池容量都支持 300 ~ 400 公里的行驶里程，而高德大数据报告和 F6 汽车科技联合同济大学共同发布的《汽车后市场乘用车维保行业白皮书》显示，私家车出行 90% 以上都在 20 公里以内，年平均里程在 1.8 万公里以内（每天行驶里程小于 50 公里）。也就是说，按照电池容量水平计算，充一次电可以支持消费者使用一周左右，所以在日常出行场景下（比如通勤等），行驶里程限制的担忧已经被大大缓解。而且随着电池容量的变大，里程限制的成本逐渐转化为充电不便捷成本，故本章将讨论范围限定在日常出行，不考虑里程限制。

设 $\theta$ 为消费者支付意愿，即消费者使用汽车一公里所愿意支付的最大价格。假设每个消费者每一期的平均行驶里程为 $m$。新能源汽车每公里使用成本为 $c_e$，传统汽车每公里使用成本 $c_v$。由于现实中新能源汽车每公里成本明显低于燃油车，故假设 $c_v > c_e$（该使用成本不包括充电不便捷，仅包含电费、油费、保养费等）。消费者使用新能源汽车会造成额外充电不便捷成本 $c_c$，如寻找充电桩和充电等待的成本，该成本与充电次数有关，即 $c_c = \gamma \dfrac{m}{R(t)}$，其中，$\gamma$ 表示充电不便捷成本系数。$R(t)$ 表示第 $t$ 期电池容量所能行驶的最大里程数（后简称为电池容量），初始时刻的电池容量为 $R(0) = R_0$，$\dfrac{m}{R(t)}$ 表示每期充电次数，$R(t)$ 的衰减即电池容量的衰减。假设 $R(t)$ 的衰减过程符合如下微分过程：

$$dR = -\frac{m}{\delta R(t)}dt \qquad (5-1)$$

在该式中，$m/R(t)$ 是充放次数，$\delta^{-1}$ 是衰减系数。该微分过程基于如下事实：（1）新能源汽车电池的衰减取决于电池的完全充放循环次数，即从满电到零电量再充满电的循环次数[①]，此处假设每次充电都是完全充放。（2）电池衰减总体上呈现加速衰减的趋势，其原因是电池容量下降会导致相同行驶里程下完全循环充放次数增加，这加速了电池衰减。值得注意的是，充电不便捷成本不是充电成本（实际上充电成本包括电费和充电不便捷成本，但考虑本章的侧重点，我们把两者分到两类成本中），即充电不便捷成本与电费（电费属于使用成本）无关，只与充电次数有关。假设新能源汽车可以使用 $T$ 期，$T$ 是汽车

---

① 汽车情报. 新能源汽车的电池普遍能用多久？循环使用的次数才是关键点［DB/OL］. 搜狐网，https：//www. sohu. com/a/300416898_100227382，2019 – 03 – 11.

设计使用年限，反映了汽车整体的耐用性。本章仅对电池进行设计，故 $T$ 作为外生变量。在达到使用年限时，剩余电池容量记为 $R(T)$，令 $R_0 - R(T) = \Delta$，将 $\Delta$ 简称为衰减总量。因此，消费者购买新能源汽车的净效用为：

$$u_S = \int_0^T \left( (\theta - c_e)m - \gamma \frac{m}{R(t)} \right) \mathrm{d}t - f_e \qquad (5-2)$$

假设新能源汽车制造商进入市场时，传统汽车已经存在，且传统汽车与新能源汽车具有相同平均使用年限。该假设目的是便于比较，并将两类车型的差异集中于本章的侧重点上，即电池技术所引起的充电不便捷与容量衰减。相应地，消费者购买传统汽车获得的净效用 $u_v$ 为：

$$u_v = \int_0^T (\theta - c_v)m\mathrm{d}t - f_v \qquad (5-3)$$

式（5-3）与式（5-2）相比较，传统汽车不需要承担充电成本，但新能源汽车的使用成本更加低廉。令传统汽车作为外生，即本章仅将 $u_v$ 用于消费者效用的比较，从而推断新能源汽车的需求量。由于实践中分时租赁大部分车型均为新能源汽车，故不考虑传统汽车分时租赁的效用。消费者使用新能源汽车分时租赁的效用 $u_L$ 为：

$$u_L = a(\theta - p)mT \qquad (5-4)$$

与第4章相同，$a$ 表示分时租赁的服务满足率（$a \in (0, 1]$）（Bellos I et al.，2017）。由于分时租赁中消费者按照使用支付租赁价格，因此 $\theta - p$ 反映了消费者每公里获得的净效用。

将消费者分为充电便捷型 $\gamma_l$ 和充电不便捷型 $\gamma_h$（$\gamma_h > \gamma_l$）。该划分符合实践中充电便捷性存在差异的事实，中国城市之间充电桩数量差异较大，即使同一城市中不同区域充电便捷性也存在差别，故这样考虑有事实依据。而且依据生活经验可知，充电便捷性的差异是影响新能源车购买的主要制约因素。假设 $\gamma_h$ 和 $\gamma_l$ 两类消费者数量为 $D_h$ 和 $D_l$（Chen C，2001；Zhang Y et al.，2017），该假设下的结论能够解释 2018 年特斯拉将 18650 型电池升级为 21700 型电池的现象。

制造商需要对电池进行设计，其设计内容包括电池衰减系数和电池初始容量。根据式（5-1）求微分方程得到电池容量随时间变化的函数为 $R(t) = \sqrt{R_0^2 - \frac{2mt}{\delta}}$。其中，电池的初始容量 $R_0$ 和电池衰减率 $\delta^{-1}$ 决定了电池耐久性，也是制造商的决策变量。假设电池容量的提升和衰减率的下降都会引起成本的上升，设新能源汽车生产成本为 $C(R_0, \delta) = k_R R_0 + k_\delta \delta$。现实中对电池成本的估算常常采取线性的形式，为了便于计算且不失管理意义，本章采用线性成本形式。

综上，假设市场出清，销售模式下新能源汽车制造商的利润函数为：

$$\Pi_S = (F_e - C(R_0, \delta)) D_i \tag{5-5}$$

在该式中，$D_i$ 为新能源汽车的需求量（$i \in \{h, l\}$）。纯租赁模式下新能源汽车制造商的利润函数为：

$$\Pi_L = amD_i \int_0^T \left( p - c_e - \frac{\gamma_m}{R(t)} \right) dt - \eta D_i C(R_0, \delta) \tag{5-6}$$

在该式中，$\eta$ 为合并效应系数（$\eta \in (0, 1]$）（Agrawal V V and Bellos I, 2016；Yu Y et al., 2018）。$\eta D$ 表示需求量为 $D$ 时满足用车需求所需的车辆数。$\eta$ 越小，所需车辆就越少，合并效应就越大。该假设延续第 4 章的相关假设，故对其合理性不再赘述。$p - c_e - \frac{\gamma_m}{R(t)}$ 是分时租赁车被使用 1 公里时企业获得的收益，其中，$\gamma_m$ 是企业的充电不便捷成本。由于该不便捷成本为分时租赁运营时产生的成本，为了避免混淆，本书将该成本称为分时租赁运营成本。由于仅有 $a$ 比例的用车需求被满足，故 $amD$ 是所有消费者的总公里数。又由于合并效应，成本为 $\eta DC$。与第 4 章相同，分时租赁会带来两种效应，即减小成本和降低服务满足率，$a$ 与 $\eta$ 的比较反映了分时租赁的效率。

混合模式下，制造商利润为销售模式与分时租赁模式利润之和。

$$\Pi_H = \Pi_S + \Pi_L \tag{5-7}$$

综上，为了深入研究汽车制造商的新能源汽车的产品设计问题，本章模型着重刻画了电池衰减的特征，并以此为基础构建制造商产品设计决策模型。

## 5.3　各种商业模式下产品设计策略分析

### 5.3.1　销售模式下产品设计策略分析

根据假设，企业产品设计的决策过程如下：企业先设计新能源汽车的电池

衰减总量 $\Delta$，然后设计电池的初始容量 $R_0$、衰减率 $\delta^{-1}$ 和制定价格。也就是说，企业设计的基本过程是，先设定衰减总量的目标，然后考虑如何通过具体参数的设计实现该目标。由于存在 $\gamma_h$ 和 $\gamma_l$ 两类消费者，故制造商存在两种策略：一是针对充电便捷的消费者（$\gamma_l$）制定价格和设计产品；二是针对两类消费者（$\gamma_l$ 和 $\gamma_h$）制定价格和设计产品（由于 $\gamma_l < \gamma_h$，生产单产品背景下，不存在单独针对 $\gamma_h$ 的策略）。由于后一种策略覆盖了所有消费者，而前一种仅覆盖了部分消费者，故简称前者为半覆盖策略（记为 half），后者为全覆盖策略（记为 full）。另外，由于本章讨论范围限定在单产品范围内，故不考虑针对不同消费者提供不同产品的情况，该情况在第 6 章考虑。制造商决策模型的目标函数为：

$$\max_{f_e, \delta, R_0} \Pi_S(f_e, \delta, R_0) = (f_e - k_\delta \delta - k_R R_0) D_i \qquad (5-8)$$

约束条件为：

$$\int_0^T \left( (\theta - c_e)m - \gamma_i \frac{m}{R(t)} \right) dt - f_e \geq \int_0^T (\theta - c_v) m \, dt - f_v \qquad (5-9)$$

$$R_0 - R(T) = \Delta \qquad (5-10)$$

式（5-8）和式（5-9）中，$i \in \{half, full\}$，当 $i = half$ 时，上述模型描述了半覆盖策略下的产品设计模型，当 $i = full$ 时，上述模型为全覆盖策略下模型。根据 half 和 full 的含义，$D_{half} = D_l$、$\gamma_{half} = \gamma_l$、$D_{full} = D_h + D_l$ 和 $\gamma_{full} = \gamma_h$。上述模型中，式（5-8）为企业利润函数。式（5-9）表示消费者购买新能源车的效用高于燃油车（为了避免不必要的讨论，设 $u_v > 0$）。式（5-10）表示企业设计的电池衰减总量。由于设计过程为先决策衰减总量再决策初始容量和衰减率，所以企业是在给定 $\Delta$ 下做决策，故该约束取等号。由上述模型可以求解给定衰减总量下，企业最优容量与衰减率决策。然后将最优决策代入，令衰减总量 $\Delta$ 为决策变量，求解最优衰减总量，可得命题 5-1。

**命题 5-1** 企业最优设计决策如下：最优电池初始容量为 $R_0^* = \dfrac{\Delta^*}{2} + $

$\sqrt{\dfrac{Tm(\Delta^* \gamma_i + k_\delta)}{k_R \Delta^*}}$，最优衰减率为 $\delta^{*-1} = \sqrt{\dfrac{\Delta^*(\Delta^* \gamma_i + k_\delta)}{Tk_R m}}$。其中，$\Delta^*$ 满足等

式 $\dfrac{4Tm}{k_R \Delta^{*3}} = \Delta^* \dfrac{\gamma_i}{k_\delta^2} + \dfrac{1}{k_\delta} (i \in \{half, full\})$。

　　由本命题可以分析企业的新能源汽车设计策略。企业设计策略包括两个部分，即衰减总量设计和具体参数设计（包括初始容量和衰减率）。

　　先来分析衰减总量的设计。虽然 $\Delta^*$ 的等式为四次方程难以求解，但仍能解析。将 $\Delta$ 看作自变量，等式两边分别表示递减的曲线和递增直线。而 $\Delta^*$ 实际上是两条线的交点，故直线斜率变缓或向下移动使得 $\Delta^*$ 变大，反之则变小。总结如下：（1）衰减率的成本系数与初始容量的成本系数对衰减总量的设计具有相反的作用，即衰减率的成本系数增加使得衰减总量增大，而初始容量的成本系数增加使得衰减总量减小；（2）充电不便捷性与行驶里程对衰减总量也有相反的作用，即充电不便捷性增加使得衰减总量减小，而行驶里程增加使得衰减总量增加。

　　为了理解最优衰减总量设计的内在逻辑，有必要对各参数的影响分而析之。将最优解代入利润，可简化为如下形式：

$$\Pi_S = \left( \underbrace{F_f + mT(c_f - c_e)}_{\text{燃油车的影响}} - \underbrace{\frac{2\gamma_i mT}{2R_0 - \Delta}}_{\substack{\text{充电不便捷}\\\text{造成的损失}}} - \underbrace{\frac{2k_\delta mT}{\Delta(2R_0 - \Delta)}}_{\text{衰减率成本}} - \underbrace{k_R R_0}_{\substack{\text{初始容}\\\text{量成本}}} \right) D_i \quad (5-11)$$

　　将利润函数按照如上形式分解，可以发现以下四点。（1）衰减率的成本系数 $k_\delta$ 的作用较为单一，仅引起成本的增加。故该参数的影响也较为直接，即该参数增加会促使企业控制衰减率成本，从而增加 $R_0$ 或 $\Delta$（衰减率成本项关于 $R_0$ 和 $\Delta$ 为减）。（2）初始容量 $R_0$ 与衰减总量 $\Delta$ 对于充电不便捷损失存在互补关系，即 $R_0$ 下降造成的损失，可以通过降低衰减总量弥补。所以，若 $k_R$ 增加使得初始容量 $R_0$ 下降，为了留住消费者，企业必须降低衰减总量 $\Delta$。（3）充电不便捷系数 $\gamma$ 的影响也较为单一，即提升充电不便捷损失，所以 $\gamma$ 的提升会使得 $R_0$ 增加或 $\Delta$ 降低，从而降低该损失。（4）行驶里程的增加会使新能源车低使用成本的优势更加明显，同时增加充电不便捷损失和衰减率成本。若行驶里程增加，企业主动放松对衰减总量的控制，这能够有效控制成本。虽然这样会增加不便捷损失，但低使用成本的优势被放大，这起到弥补作用。以上解释了各参数变化对衰减总量设计影响的内在逻辑。

　　**推论 5-1**　消费者充电不便捷性增加会增加初始容量，但也增加电池衰减率；电池容量的成本系数增加时，企业会减小电池衰减率同时减小电池的初始容量；当衰减率的成本系数增加，企业会增大电池的衰减速率同时提升初始容量。行驶里程增加会使得电池初始容量增大同时缩小衰减率。

命题 5 - 1 和推论 5 - 1 共同描述了企业的新能源车设计策略,其设计策略的核心矛盾是消费者效用与产品成本的平衡。为了叙述清晰,主要从消费者效用角度阐述该策略机理。首先,从消费者角度,新能源车的主要短板在于电池技术不足造成的充电不便捷和电池衰减,制造商通过新能源车电池设计可以缓解该问题。具体来说,企业可以增加初始容量和减少衰减总量来实现该目标[由式(5 - 11)可知]。在消费者看来,初始容量和衰减总量具有互补关系,也就是说,初始容量的增加能弥补电池衰减的负面影响。这说明企业可以在初始容量与衰减总量之间进行选择,从而在不影响效用的情况下降低成本。其次,企业在两者之间如何选择呢?换句话说,企业应该选择衰减较慢(即衰减总量较小)但初始容量也较小的设计,或初始容量较大但衰减较快的设计,还是兼而有之?回答该问题时,必须注意到,初始容量对消费者的意义要高于衰减率,由衰减过程函数式(5 - 1)可知,初始容量具有两方面意义,一方面减少充电次数,这直接减少了消费者承担的充电不便捷损失;另一方面衰减取决于循环次数,所以充电次数的减少也间接减小了衰减总量。

以具体案例解释上述机理。以特斯拉为例,根据其公布的电池衰减数据可知,其新能源车型 Model S 在行驶 20 万公里之后,电池衰减保持在 10% 以内①。以年平均行驶里程 2 万公里计算,该车使用 10 年之后电池也保持较好状态。该结果初看较为惊人,但根据我国 2015 年推出的《电动汽车动力蓄电池循环寿命要求及试验方法》可知,电动车循环次数的基本要求是完全充放 500 次衰减 10%,1000 次衰减 20%。从这个角度看,Model S 车型续航里程接近 500 公里,20 万公里的行驶里程需要充电 400 次,这说明该车型电池水平与我国标准较为接近。反过来看,同时期车型(比如北汽 EV、江铃 e100 等)由于续航里程较短,相同里程下完全充放次数较多。所以,相比而言,同样满足国标的电池,初始容量较大的车型衰减总量也较小。这导致特斯拉新能源车成为同时期车型中二手车保值率最高的车型。该案例阐述了初始电池容量的重要意义,也间接证实了前文的解析推理结果。

---

① 特斯拉. 2020 年影响力报告 [DB/OL]. 特斯拉官网,https://www.tesla.cn/ns_videos/2020 - tesla-impact-report_cn. pdf, 2020 - 01 - 01.

基于以上内在机理分析命题 5 - 1 和推论 5 - 1，企业具有多种设计策略可以选择：（1）当充电不便捷性提升，企业应该提升初始容量和衰减率，并且收紧衰减总量；（2）当容量成本上升，企业策略为降低初始容量和衰减率，并且收紧衰减总量；（3）当衰减率成本上升，企业应该提升容量和衰减率，但放松衰减总量控制；（4）当消费者行驶里程增加，企业应该提升容量同时降低衰减率，但放松衰减总量控制（虽然容量提升和衰减率下降都增加了电池性能，但由于行驶里程变长，这会使总量难以控制）。

可以佐证部分结论的案例是：2018 年特斯拉宣布将原本采用的 18650 型电池更换为 21700 型[①]。该电池的特点是电池容量大，但是循环次数有所下降，即初始容量大，衰减率高。而 2018 年特斯拉销量刚好经历了历史上最大涨幅[②]。也就是说，特斯拉面对的客户群体逐渐变大，这使得企业要兼顾更多类型的顾客。这必然导致企业会更加兼顾充电不便捷型顾客的需求，所以企业面对的消费者充电不便捷性增加了。由命题 5 - 1 和推论 5 - 1 的结论，当充电不便捷性增加，企业应该选择初始容量大且衰减率高的电池，特斯拉的选择与结论基本一致。

以上对销售模式下新能源车电池设计的内在机理进行分析，总结了电池选用的策略，并一定程度上得到了事实的佐证。接下来，基于最优策略与利润，研究销售模式下企业是否愿意推广新能源汽车。由于企业愿意采取全覆盖策略，即能够实现推广，故解答该问题实际上是比较全覆盖与半覆盖策略的最优利润。

**推论 5 - 2**　当 $\dfrac{D_H}{(D_H + D_L)} J_L > \dfrac{k_R}{2k_\delta} (\gamma_H - \gamma_L) \Delta (\xi)^{*2}$ 时，企业将所有消费者作为目标，并采取全覆盖策略；当 $\dfrac{D_H}{(D_H + D_L)} J_L < \dfrac{k_R}{2k_\delta} (\gamma_H - \gamma_L) \Delta (\xi)^{*2}$ 时，企业只将充电便捷型消费者作为目标客户，并采取半覆盖策略。其中，$J_j = f_v + mT(c_f - c_e) - \dfrac{2\gamma_j mT}{2R_0 - \Delta} - \dfrac{2k_\delta mT}{\Delta (2R_0 - \Delta)} - k_R R_0 (j \in \{H, L\})$；$\xi \in [\gamma_L, \gamma_H]$ 使得

①　钜大 LARGE. TESLA Model3 选用 21700 电池到底是为了什么 [DB/OL]. 钜大锂电官网，http：// www. juda. cn/news/270491. html，2023 - 08 - 17.

②　第一电动. 美国 2018 年新能源汽车市场：同比增长 81%，特斯拉 Model 3 大放异彩 [DB/OL]. 网易，https：//www. 163. com/dy/article/E656L2I605278VAD. html，2019 - 01 - 22.

$$J_H - J_L = \frac{\partial J}{\partial \gamma}(\gamma_H - \gamma_L)。$$

该推论说明，销售模式下企业会主动选择全面推广新能源汽车（即选择全覆盖策略），但存在三个条件。（1）充电不便捷型消费者数量应该达到较高的程度。由于充电不便捷性的增加必然减少利润率，所以必须存在较高的消费者数量，从而弥补利润率的损失。（2）消费者的充电便捷程度差异较大不利于企业选择全覆盖策略。因此，当充电便捷性差异较大时，企业会选择放弃一部分市场。（3）当初始容量成本系数较大时，企业更倾向于选择半覆盖策略，而衰减率成本系数增大会使不等式两边同时减小，所以该参数的影响要依具体情况而定。初始容量的成本系数的增大减小了利润率，而且同时增加了充电不便捷性的影响，所以该参数的增大使企业选择半覆盖策略。但衰减率成本的上升使利润率减小的同时，也减小了充电不便捷性对利润的影响（即 $\frac{\partial J}{\partial \gamma}$ 变小），两种效应相互抵消。

该推论的管理意义是，销售模式下企业有可能会主动推广新能源汽车（即主动采取全覆盖策略），但这存在三个方面的条件：消费者数量、消费者类型和技术水平。依据上述可得出两点总结。（1）城市间或城市内充电桩设施数量的差异较大，这会使得消费者充电便捷程度差异较大，这是不利于新能源车推广的。佐证的数据是，2018 年新能源车销量数据显示，新能源车销量最大的城市（比如北京、上海等）均来自充电桩数量最多的省份。这说明企业选择的是半覆盖策略。（2）充电不便捷型的潜在购车用户数量较大，这会促使企业产生推广新能源车的倾向。消费者购车大多选择燃油车型，这意味着潜在用户规模巨大，在合适条件下企业能够通过推广新能源车获得巨大的收益。而由上述结论可知，当初始容量成本下降，企业才能够实施全覆盖策略。因此，现实中许多企业（比如比亚迪、特斯拉等）都致力于电池的研发，其中降低单位容量的电池成本是研发的重要目标。这说明企业具有推广新能源车的倾向。

综上，本小节分析了销售模式下新能源车的产品设计策略。对于新能源车推广而言，采取销售模式的不利之处在于，消费者必须自行解决充电问题，同时自行承担电池衰减造成的损失。这导致充电不便捷型消费者不愿意购买新能源汽车,而现有技术水平又无法促使企业采取全覆盖策略。这成了新能源车推广的阻碍。分时租赁模式能避免该问题,在分时租赁模式下企业负责电池充电、维护等工作。这大大缓解充电不便捷性差异所造成的影响,但同时商业模式的改变也促使产品设计发生改变。因此,接下来分析分时租赁模式下新能源汽车的产品设计。

### 5.3.2　纯租赁模式下产品设计策略分析

在纯租赁模式下,企业的产品设计过程仍与销售模式相同,即先确定衰减总量再考虑如何设计初始容量和衰减率,最后企业确定分时租赁价格。令 $\gamma_m$ 为企业的充电不便捷性成本,即分时租赁运营成本。由此构建纯租赁下企业决策模型如下:

$$\Pi_L = am(D_h + D_l)\int_0^T \left((P - c_e) - \frac{\gamma_m}{R(t)}\right)\mathrm{d}t - \eta(D_h + D_l)C(R_0, \delta)$$

$$(5-12)$$

约束条件为:

$$a(\theta - p)mT \geqslant \int_0^T (\theta - c_v)m\mathrm{d}t - f_v \tag{5-13}$$

$$R_0 - R(T) = \Delta \tag{5-14}$$

式(5-12)为纯租赁下企业利润,由于分时租赁模式下消费者的充电便捷性不再起区分作用(因消费者不承担该成本),所以不需要区分全覆盖和半覆盖策略。式(5-13)保证消费者选择分时租赁的效用大于购买燃油车,式(5-14)为企业规定的衰减总量。由上述模型求得给定衰减总量下的最优初始容量和衰减率后,再采用逆向求解法求解最优衰减总量,可得命题 5-2。

**命题 5-2**　纯租赁模式下,新能源车电池的最优设计策略为 $R_0^* = \dfrac{\Delta^*}{2} +$

$\sqrt{\dfrac{Tm(\gamma_m\Delta^* a/\eta + k_\delta)}{\Delta^* k_R}}$ 和 $\delta^{-1*} = \sqrt{\dfrac{\Delta^*(\gamma_m\Delta^* a/\eta + k_\delta)}{Tk_R m}}$,最优衰减总量为 $\dfrac{4Tm}{k_R\Delta^{*3}} =$

$\dfrac{a\gamma_m}{\eta k_\delta^2}\Delta^* + \dfrac{1}{k_\delta}$。

本命题说明了纯租赁下产品设计策略。与前文类似,企业策略包括两个方面，电池衰减总量控制和具体参数（电池容量与衰减率）设计。由于函数结构相类似，所以容量成本参数和分时租赁运营成本的增加仍使企业收紧衰减总量的控制，而衰减率成本参数的增加会使企业放松衰减总量的控制。与销售模式不同的是，当 $a > \eta$ 时，纯租赁模式使企业收紧衰减总量，反之则放松。也就是说，合并效应较大时（$\eta < a$），企业会收紧衰减总量的控制，使车辆电池更加耐用。其原因是，合并效应较大时，纯租赁下企业只需要提供较少的车辆，这减轻了企业的成本负担，所以企业选择更加耐用的电池。但合并效应如果不够大（$\eta > a$），纯租赁模式反而会使企业放松总量控制，即采用更加不耐用的电池。所以分时租赁模式是把双刃剑，只有合并效应较大时分时租赁才促进电池的改进。同式（5 – 11），将最优解代入利润，可简化为如下形式：

$$\Pi_L = \left( \underbrace{(f_v - mT(\theta - c_f - a(\theta - c_e)))}_{\text{燃油车影响}} - a\underbrace{\frac{2\gamma_m mT}{2R_0 - \Delta}}_{\text{充电不便捷损失}} - \eta(\underbrace{k_R R_0}_{\text{初始容量成本}} - \underbrace{\frac{2mTk_\delta}{\Delta(\Delta - 2R_0)}}_{\text{衰减率成本}}) \right) D$$

$$(5 - 15)$$

由式（5 – 15）可以发现，由于分时租赁仅是将充电不便捷成本转移给企业，所以充电不便捷性仍然发挥作用，而且对于式（5 – 15）中的充电不便捷损失，初始容量和衰减总量之间仍然保持互补关系。但是由于商业模式的转变，合并效应使得企业需要承担的生产成本减小了，而服务满足比率 $a$ 使得充电不便捷成本也减小了（因为只有 $a$ 比例服务被满足，这减少了充电次数）。因此，纯租赁模式与销售模式既有区别又有联系，即成本参数、充电不便捷参数等对最优衰减总量设计的影响与前文一致，而合并效应造成了两模式间的差异。

**推论 5 – 3** 随着合并效应增大，企业会增加初始容量同时增加衰减率；当衰减率的成本参数上升，企业会提升电池容量，但衰减率也会增加；当初始容量的成本系数上升，企业会减小衰减率同时降低初始容量；当充电不便捷性增加，企业会提升衰减率同时增加初始容量。当行驶里程增加，企业会减小衰减率同时提升电池容量。

结合推论 5 – 3 和命题 5 – 2，纯租赁模式下企业产品设计策略与销售模式下策略具有共同点，成本系数、充电不便捷性和行驶里程对产品设计的影响基本相同，两模式不同点在于纯租赁模式存在合并效应，合并效应的提升能够激励企业设计电池衰减总量较低且初始容量较高的新能源汽车，但电池衰减率也较高。

### 5.3.3　混合模式下产品设计策略分析

混合模式下，制造商同时销售和租赁新能源汽车。与充电不便捷型消费者相比，充电便捷型消费者必然具有更高的购买意愿。所以混合模式下企业应该制定合理价格使充电便捷型消费者选择购车，而使充电不便捷型消费者选择租车。其决策模型为：

$$\max_{f_e,\delta,R_0} \Pi_H = (f - k_\delta \delta - k_R R_0)D_l + amD_h \int_0^T \left(p - c_e - \frac{\gamma_m}{R(t)}\right)dt - \eta D_h C(R_0, \delta)$$

$$(5-16)$$

$$a(\theta - p)mT \geq \int_0^T (\theta - c_v)mdt - f_v \qquad (5-17)$$

$$\int_0^T \left((\theta - c_e)m - \gamma_L \frac{m}{R(t)}\right)dt - f \geq \int_0^T (\theta - c_v)mdt - f_v \qquad (5-18)$$

$$\int_0^T \left((\theta - c_e)m - \gamma_L \frac{m}{R(t)}\right)dt - f \geq a(\theta - p)mT \qquad (5-19)$$

$$\int_0^T \left((\theta - c_e)m - \gamma_H \frac{m}{R(t)}\right)dt - f \leq a(\theta - p)mT \qquad (5-20)$$

$$R_0 - R(T) = \Delta \qquad (5-21)$$

式（5-16）表示混合模式下企业利润，式（5-17）和式（5-18）保证两类消费者选择新能源车的效用好于燃油车，式（5-19）和式（5-20）保证各类型消费者选择相应的商业模式，即充电便捷型消费者选择购车，而充电不便捷型消费者选择分时租赁。由于充电便捷型消费者必然具有更高的购买意愿，所以为了实施混合模式，充电便捷型消费者应该从销售模式中获得更高的效用，不便捷型消费者应该从分时租赁模式中获得更高效用。如若不然，所有消费者会选择其中一种模式，混合模式就失去了意义。前两个约束为参与约束，后两个为激励相容约束。通过逆向求解可得命题 5-3。

**命题 5-3**　混合模式下，企业的最优设计策略为 $R_0^* = \dfrac{\Delta^*}{2} + \sqrt{\dfrac{Tm(\Delta^* N + Mk_\delta)}{\Delta^* Mk_R}}$

和 $\delta^{-1*} = \sqrt{\dfrac{\Delta^*(\Delta^* N + Mk_\delta)}{Mk_R Tm}}$，最优衰减总量控制为 $\dfrac{4TmMk_\delta^2}{k_R \Delta^{*3}} = \Delta^* N + Mk_\delta$。其

中，$M = D_h \eta + D_l$，$N = D_h a\gamma_m + D_l \gamma_l$。

本命题揭示了混合模式下的产品设计策略。从衰减总量控制上看，混合模式下，初始容量的成本、衰减率成本、充电不便捷性等参数对最优衰减总量控制的增减性影响与另两种模式相同。与其他模式不同的是，企业的目标客户群体的数量也会影响新能源车的设计。当 $\dfrac{D_h a\gamma_m + D_l \gamma_l}{D_h \eta + D_l}$ 较大时，相对于其他模式

而言，混合模式下电池衰减总量更小。由 $\dfrac{D_h a\gamma_m + D_l \gamma_l}{D_h \eta + D_l}$ 的增减性可知，当

$a\gamma_m - \eta\gamma_l > 0$ 时，$D_h$ 的增加促使衰减总量减小，$D_l$ 的增加促使衰减总量增加；而 $a\gamma_m - \eta\gamma_l < 0$ 时，$D_h$ 的增加使衰减总量增加，$D_l$ 的增加促使衰减总量减小。

**推论 5-4**    初始容量成本系数的增加会减小初始容量同时减小衰减率；企业充电不便捷性增加会促使初始容量和衰减率增加；衰减率成本系数增加会使初始容量和衰减率增加；当 $\eta\gamma_l - a\gamma_m > 0$ 时，充电便捷型消费者数量的增加会促使初始容量和衰减率增加，当 $\eta\gamma_l - a\gamma_m < 0$ 时，充电便捷型消费者数量的增加会促使初始容量和衰减率减小；充电不便捷型消费者数量的增加会促使初始容量增加，而 $a\gamma_m - \gamma_l \eta > 0$ 时，充电不便捷型消费者的增加会促使衰减率增加，反之则减少。

通过对命题 5-3 的最优解求导即可得到该推论。结合命题 5-3 和推论 5-4，混合模式下，成本系数、充电不便捷性等因素对企业策略的影响与前文较为类似，但混合模式下各类型消费者相对数量会影响企业产品设计策略。当合并效应较大 $\left( \eta < \dfrac{a\gamma_m}{\gamma_l} \right)$ 时，若充电便捷型消费者较多，企业应该放松对衰减总量的控制，降低初始容量同时减慢衰减速率；充电不便捷型消费者较多时，企业应该增加初始容量，减小衰减率同时收紧对衰减总量的控制；当合并效应较小时，两类消费者数量的作用与合并效应较大时的作用相反。

## 5.3.4    各模式比较分析

接下来分析商业模式的影响，分析思路是将各模式进行比较。各模式下最

优决策整理如表 5 - 1 所示。

　　　　　　　　　　　　各模式下最优决策

| 商业模式 | 最优价格 | 最优产品设计 |
|---|---|---|
| 销售模式 | $f^* = (c_f - c_e)mT + \gamma\delta(R(T) - R_0) + f_v$ | $R_0^* = \dfrac{\Delta^*}{2} + \sqrt{\dfrac{Tm(\Delta^*\gamma + k_\delta)}{k_R\Delta^*}}$ <br><br> $\delta^{*-1} = \sqrt{\dfrac{\Delta^*(\Delta^*\gamma + k_\delta)}{Tk_Rm}}$ <br><br> $\dfrac{4Tm}{k_R\Delta^{*3}} = \Delta^*\dfrac{\gamma}{k_\delta^2} + \dfrac{1}{k_\delta}$ |
| 纯租赁模式 | $p^* = \dfrac{(a-1)\theta mT + c_v mT + f_v}{amT}$ | $R_0^* = \dfrac{\Delta^*}{2} + \sqrt{\dfrac{Tm(\gamma_m\Delta^* a/\eta + k_\delta)}{\Delta^* k_R}}$ <br><br> $\delta^{-1*} = \sqrt{\dfrac{\Delta^*(\gamma_m\Delta^* a/\eta + k_\delta)}{Tk_Rm}}$ <br><br> $\dfrac{4Tm}{k_R\Delta^{*3}} = \dfrac{a\gamma_m}{\eta k_\delta^2}\Delta^* + \dfrac{1}{k_\delta}$ |
| 混合模式 | $f^* = (c_f - c_e)mT + \gamma\delta(R(T) - R(0)) + f_v$ <br><br> $p^* = \dfrac{(a-1)\theta mT + c_v mT + f_v}{amT}$ | $R_0^* = \dfrac{\Delta^*}{2} + \sqrt{\dfrac{Tm(\Delta^* N/M + k_\delta)}{\Delta^* k_R}}$ <br><br> $\delta^{-1*} = \sqrt{\dfrac{\Delta^*(\Delta^* N/M + k_\delta)}{k_R Tm}}$ <br><br> $\dfrac{4Tmk_\delta^2}{k_R\Delta^{*3}} = \Delta^*\dfrac{N}{M} + k_\delta$ |

**命题 5 - 4**　当 $\dfrac{a}{\eta} > 1$ 时，纯租赁模式下电池衰减总量小于销售模式，初始容量高于销售模式，衰减率也高于销售模式；当 $\dfrac{N}{M} > 1$ 时，混合模式的电池衰减总量小于销售模式，初始容量高于销售模式，衰减率也高于销售模式，当 $\dfrac{N}{M} > \dfrac{a}{\eta}$ 时，混合模式的电池衰减总量小于纯租赁模式，初始容量高于纯租赁模式，衰减率也高于纯租赁模式。

通过比较表 5 - 1 中最优决策即可得出本命题。本命题说明，与销售模式相比，纯租赁和混合模式能够改善新能源车的设计，即衰减总量会更小。而且缩小衰减总量的途径主要是通过增大初始容量。纯租赁模式和混合模式改善产品设计的条件如图 5 – 1 所示。

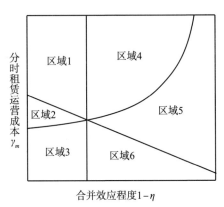

图 5 – 1　产品设计策略示意

由图 5 – 1 可知，根据分时租赁运营成本和合并效应，各商业模式对产品设计的影响可划分为六个区域。各区域下电池衰减总量排序如下：在区域 1 中，混合模式 < 销售模式 < 纯租赁模式；在区域 2 中，销售模式 < 混合模式 < 纯租赁；在区域 3 中，销售模式 < 纯租赁模式 < 混合模式；在区域 4 中，混合模式 < 纯租赁 < 销售模式；在区域 5 中，纯租赁 < 混合模式 < 销售模式；在区域 6 中，纯租赁 < 销售模式 < 混合模式。

由此可以总结，在分时租赁运营成本较高时，混合模式能够有效刺激企业降低电池衰减总量，并提升初始容量。当分时租赁运营成本中等和较低时，纯租赁模式或销售模式更有利于降低电池衰减总量。合并效应较大时，分时租赁将更加有利于降低电池衰减总量和提升初始容量。由区域 4 ~ 区域 6（该区域中合并效应较大）中纯租赁或混合模式的排序可知该结论。因此，分时租赁的运营成本和合并效应决定了商业模式对产品设计的影响。较高的分时租赁运营成本和较大的合并效应下，分时租赁有利于改进新能源车电池设计。

## 5.4　商业模式采用与产品设计相互影响分析

前文分析了各模式下新能源车产品设计策略，我们发现纯租赁和混合模式在合适的条件下能够改善产品设计。接下来分析商业模式采用与产品设计的相互影响，并研究分时租赁是否能够改善利润。

**命题 5-5** 当 $\sqrt{\gamma_h + \dfrac{k_\delta}{\Delta}} - \sqrt{\eta a \gamma_m + \dfrac{\eta^2 k_\delta}{\Delta}} > \dfrac{k_R(\eta - 1)\Delta - 2Tm(a - 1)(\theta - c_e)}{4\sqrt{Tmk_R}}$

时，纯租赁模式利润高于销售模式；当 $\dfrac{k_R(\eta - 1)\Delta - 2Tm(a - 1)(\theta - c_e)}{4\sqrt{Tmk_R}} D_l >$

$\sqrt{MN + \dfrac{M^2 k_\delta}{\Delta}} - (D_l + D_h)\sqrt{a\eta\gamma_m + \dfrac{\eta^2 k_\delta}{\Delta}}$ 时，混合模式利润高于纯租赁模式；当

$(D_l + D_h)\sqrt{\gamma_h + \dfrac{k_\delta}{\Delta}} - \sqrt{NM + \dfrac{M^2 k_\delta}{\Delta}} > \dfrac{k_R(\eta - 1)\Delta - 2Tm(a - 1)(\theta - c_e)}{4\sqrt{Tmk_R}} D_h$ 时，混

合模式好于销售模式。

本命题揭示了产品设计策略的变化对商业模式利润的影响，依此可以分析分时租赁模式采用策略。为了更加直观表示本命题，将不等式两边式子分别看

作一个函数，并记为 $F$。令 $F_1 = \dfrac{D_l + D_h}{D_h}\sqrt{\gamma_h + \dfrac{k_\delta}{\Delta}} - \dfrac{1}{D_h}\sqrt{NM + \dfrac{M^2 k_\delta}{\Delta}}$，$F_2 =$

$\sqrt{\gamma_h + \dfrac{k_\delta}{\Delta}} - \sqrt{\eta a \gamma_m + \dfrac{\eta^2 k_\delta}{\Delta}}$，$F_3 = \dfrac{1}{D_l}\sqrt{MN + \dfrac{M^2 k_\delta}{\Delta}} - \dfrac{(D_l + D_h)}{D_l}\sqrt{a\eta\gamma_m + \dfrac{\eta^2 k_\delta}{\Delta}}$。三

个不等式都有一个共同式子，即 $F_4 = \dfrac{k_R(\eta - 1)\Delta - 2Tm(a - 1)(\theta - c_e)}{4\sqrt{Tmk_R}}$。令 $\Delta$

为自变量，将 $F_1$ 到 $F_4$ 的函数值看作因变量，命题中条件可表示为一条直线与三条曲线的关系。比如当 $F_1 > F_4$，混合模式好于销售模式。参数取值如下：$\gamma_h = 10$，$\gamma_l = 4$，$\gamma_m = 20$，$k_\delta = 20$，$k_R = 30$，$\eta = 0.7$，$a = 0.8$，$T = 50$，$m = 20$，$f_v = 100$，$\theta = 10$，$c_e = 2$，$c_v = 4$，$D_l = 300$，$D_h = 100$。将以上各参数代入计算可得图 5-2。

图 5-2 直观反映了命题 5-5 中产品设计与商业模式采用的关系。将图 5-2 与本命题结合可知，当 $\Delta < \Delta_1$ 时，销售模式是最好的选择；当 $[\Delta_1, \Delta_3]$ 范围内时，混合模式是最好选择，当 $\Delta > \Delta_3$ 时，纯租赁模式更好。该图像虽由数值得出，但具有代表性意义（函数性态的相关证明请见附录）。由图 5-2 可推知，总体来说，当电池衰减总量被设计得相对较小时，销售模式是更好的选择；而当电池衰减总量中等时，企业应该采用混合模式；当电池衰减总量较

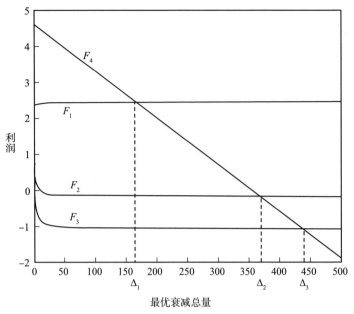

图 5 - 2  商业模式采用与产品设计关系示意

大时，纯租赁模式是更好的选择。这一结论符合直觉的认识，衰减总量过大时，消费者购车会使自己承担较高的充电不便捷和电池衰减损失，所以企业应该采取纯租赁模式帮助消费者避免该成本；而当电池衰减总量很小时，消费者购车损失也较小，此时销售模式是更好的选择；在两种状态之间，即衰减总量中等时，混合模式是更好的。该结论说明，当企业设计衰减总量中等或较大的电池时，纯租赁和混合模式能改进企业利润。依此推理，分时租赁模式所采用车型的电池衰减总量应该会偏大，这与实际情况相符。国内分时租赁下新能源车型的电池容量偏小（该数据请见第 1.1.1 节），而容量偏小会造成充电次数增加，故分时租赁车型衰减总量偏大。

综上，当分时租赁运营成本相对较高和合并效应较大时，分时租赁能够激励企业改善产品设计。同时，由于分时租赁本身的特点，分时租赁能避免充电不便捷性和电池衰减的不利影响，这有利于新能源车的推广。当企业选择设计电池衰减总量较高和中等的新能源车时，纯租赁和混合模式更有利于利润。因此，在合适条件下，分时租赁能够改善利润和环境。

# 5.5　数值实验

为了验证前文命题和推论，并挖掘更多结论，接下来观察各参数对产品设计和利润的影响。设定各参数取值如下：$k_R = 10$，$k_\delta = 5$，$a = 0.8$，$Tm = 1000$，$\eta = 0.7$，$D_l = 100$，$D_h = 200$，$\gamma_m = 5$，$\gamma_l = 2$，$\gamma_h = 8$。将参数分为技术成本特征（$k_R$ 和 $k_\delta$）、分时租赁特征（$\eta$ 和 $\gamma_m$）和消费者特征（$Tm$ 和 $\gamma_i$），接下来分别针对这些参数在不同商业模式下进行数值实验。

1. 销售模式下各参数对产品设计和利润的影响

由前文可知，分时租赁特征参数对销售模式没影响，所以仅讨论技术成本特征和消费者特征两个方面。

图 5 - 3 反映了技术成本特征对销售模式下产品设计的影响。由图 5 - 3（a）可以发现，初始容量成本系数 $k_R$ 的增加使得最优衰减总量下降，衰减率的成本系数 $k_\delta$ 的增加使得衰减总量增加。当初始容量成本较高且衰减率成本较小时，电池衰减总量最小。由图 5 - 3（b）可以发现，初始容量成本越高，初始容量越低；衰减率成本越高，初始容量越高。当初始容量成本较低且衰减率成本较高时，初始容量达到较高水平。由图 5 - 3（c）可以发现，最优衰减率设计随着容量成本的增加而下降，随衰减率成本的上升而上升。当衰减率成本较低且初始容量成本较高时，衰减率达到较低水平。可以发现，销售模式下初始容量成本与衰减率成本的作用都是相反的。由图 5 - 3（d）可以发现，成本系数的下降都有利于利润的提升，但利润关于初始容量成本更加敏感，或者说，初始容量的成本是影响利润的主要因素。

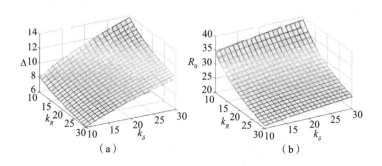

（a）　　　　　　　　　　　（b）

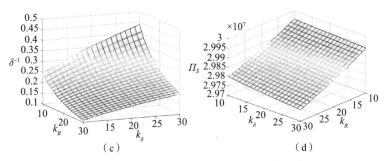

**图 5 - 3　技术参数对产品设计与利润的影响**

图 5 - 4 反映了消费者特征对销售模式下最优设计和利润的影响。虽然销售模式下，企业可以选择全覆盖和半覆盖策略，但由于两种策略下最优决策的区别仅在于充电不便捷性（由表 5 - 1 中最优解可知），所以考虑一种策略即可。当消费者行驶里程增加，企业会增加电池衰减总量，增加初始容量，同时

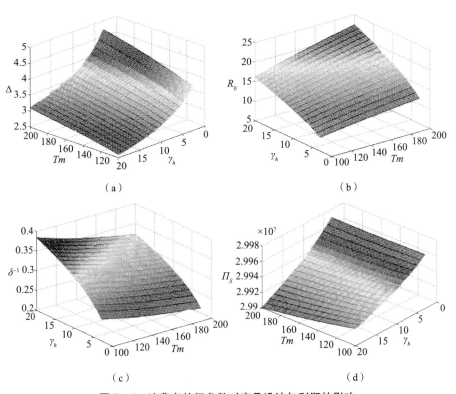

**图 5 - 4　消费者特征参数对产品设计与利润的影响**

降低衰减率。当充电不便捷性增加，衰减总量减小，初始容量增加同时衰减率增加。当充电不便捷性较高且行驶里程较低时，电池衰减总量最低。当充电不便捷且行驶里程较高时，初始容量达到较高水平。这验证了前文相关命题和推论。当行驶里程较低和充电不便捷成本较低时，销售模式利润达到较高水平，其中充电不便捷性影响更大，是主要因素。

2. 纯租赁模式下各参数对产品设计和利润的影响

由图 5 - 5 可知，初始容量成本的增加促使衰减总量下降、初始容量下降和衰减率下降。衰减率成本的增加使衰减总量增加、初始容量增加且衰减率增加。利润随成本系数升高而降低，但纯租赁模式下利润对衰减率成本更敏感。

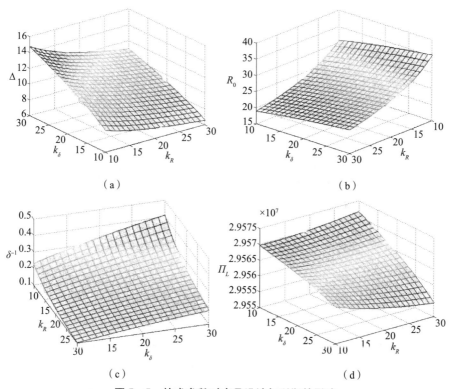

图 5 - 5　技术参数对产品设计与利润的影响

由图 5 - 6 可知，行驶里程的增加促使企业放松对衰减总量的控制、增加初始容量且降低衰减率。消费者的充电不便捷性对产品设计不产生影响，这是由于纯租赁模式下消费者不需要承担充电不便捷成本。因为行驶里程的上升促使企业提升电池性能，这增加了成本，所以销售模式利润随行驶里程增加而下降。

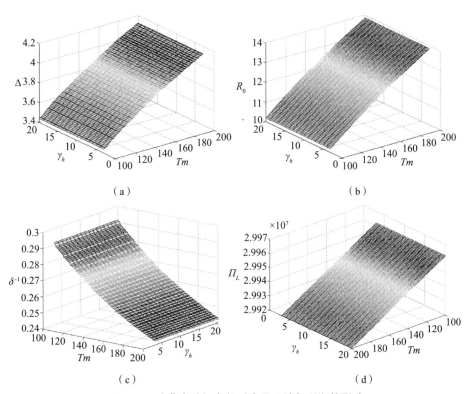

**图 5 - 6　消费者特征参数对产品设计与利润的影响**

由图 5 - 7 可知，合并效应的增加促使衰减总量下降、初始容量增加但衰减率上升。分时租赁运营成本的增加使得衰减总量下降，初始容量增加且衰减率增加。当分时租赁运营成本减小，衰减总量对合并效应系数的变化会更加敏感，当分时租赁运营成本增加，初始容量和衰减率会对合并效应更加敏感。纯租赁模式下，利润随合并效应增加而增加（$\eta$ 越小合并效应越大），随分时租赁运营成本增加而减少，其中分时租赁运营成本是主要因素。

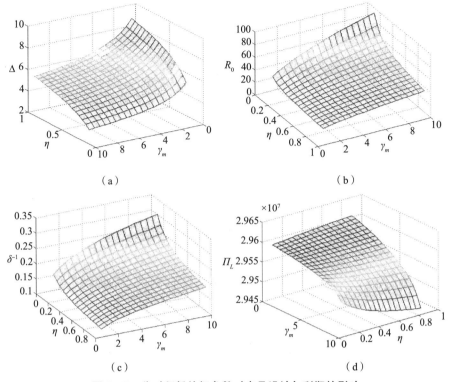

（a）　　　　　　　　　　　　（b）

（c）　　　　　　　　　　　　（d）

**图 5 - 7　分时租赁特征参数对产品设计与利润的影响**

3. 混合模式下各参数对产品设计和利润的影响

图 5 - 8 中，随着初始容量成本的增加，衰减总量下降，初始容量下降且衰减率下降。随着衰减率成本的增加，衰减总量上升，初始容量增加且衰减率上升。利润随成本系数增加而减少，其中初始容量成本是主要影响因素。

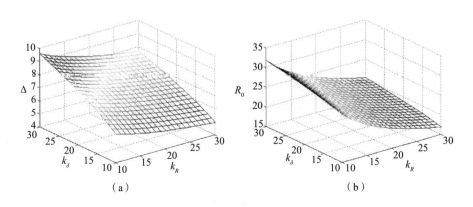

（a）　　　　　　　　　　　　（b）

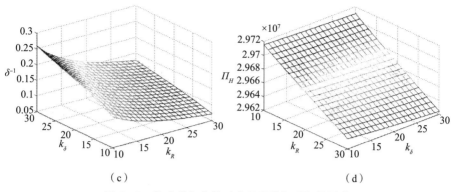

（c）　　　　　　　　　　　（d）

**图 5 - 8　技术特征参数对产品设计与利润的影响**

图 5 - 9 中，消费者充电不便捷性的增加促使衰减总量下降、初始容量增加且衰减率增加。消费者行驶里程增加时，电池衰减总量增加，同时初始容量增加且衰减率下降。行驶里程和充电不便捷性增加促使利润下降，其中行驶里程是主要因素。

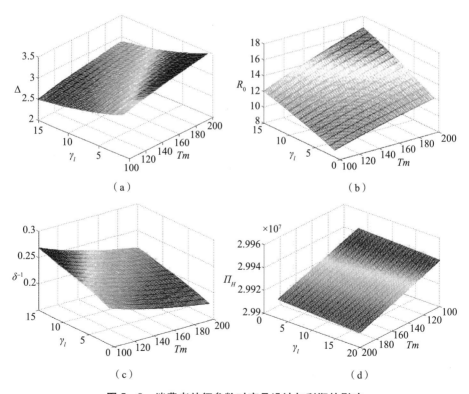

（a）　　　　　　　　　　　（b）

（c）　　　　　　　　　　　（d）

**图 5 - 9　消费者特征参数对产品设计与利润的影响**

　　图 5 - 10 中，分时租赁运营成本的增加促使衰减总量下降、初始容量增加且衰减率增加。合并效应增加时，电池衰减总量下降，同时初始容量增加且衰减率上升。可以发现，分时租赁运营成本的影响比合并效应要大，所以产品设计策略对充电不便捷性更敏感。合并效应和分时租赁运营成本减小都会刺激利润上升。

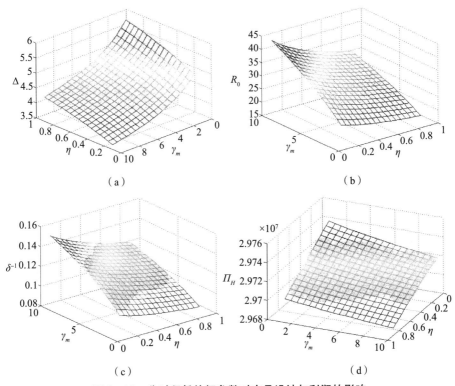

图 5 - 10　分时租赁特征参数对产品设计与利润的影响

# 5.6　本章小结

　　本章通过刻画电池的衰减过程深入研究关于新能源车的关键特征（即电池的充电不便捷和衰减）的产品设计问题。通过构建并求解各模式下产品设计模型，分析不同商业模式下产品设计策略。通过比较各模式下的产品设计策略和最优利润，分析分时租赁对利润和环境的影响。在产品设计问题中，企业面对的主要矛盾是消费者效用和生产成本的平衡。从消费者效用角度看，充电不便捷和电池衰减造成的成本使得消费者倾向于选择燃油汽车。为了降低充电不便捷和电池衰减造成的成本，企业有两种可选的设计，即提升初始容量和降低衰减总量（降低衰减总量中包含了衰减率的控制）。这两种手段是互补关系，即若初始容量下降，企业为了弥补消费者的损失，往往会降低衰减总量作为补偿。而且初始容量的重要性要高于衰减率，因为初始容量有两种作用，即一方面减少充电次数，这直接减小了充电不便捷成本；另一方面，初始容量的增加会间接减小衰减总量（因为衰减总量与充电次数有关）。所以，企业更倾向于通过提升初始容量留住顾客，通过放松衰减率控制成本。这是本章揭示的基本机理。

（1）企业设计策略可以通过初始容量与衰减总量来描述。对于衰减率成本较高的情况，企业应该选择高初始容量且高衰减总量的设计策略。对于初始容量成本较高的情况，企业会选择低初始容量且低衰减总量的设计策略。纯租赁与混合模式下，对于分时租赁运营成本较高和合并效应较大的情况，企业应该提升初始容量并降低衰减总量。

（2）企业的商业模式选择决策应该以产品设计为依据。对于衰减总量较小的新能源汽车，企业选择销售模式比较好。而对于衰减总量较大或中等的车型，纯租赁或混合模式能够让企业获得更大的利润。这解释了现实中分时租赁车型的电池衰减总量偏大的现象。

（3）纯租赁和混合模式能够刺激企业改善新能源车设计，降低电池的衰减总量，但必须满足一定的条件：分时租赁的运营成本较高或合并效应较大。而且由于纯租赁和混合模式能够避免消费者承担充电不便捷和电池衰减成本，所以消费者间充电不便捷性的差异会被消除，这有利于新能源车的推广。因此，纯租赁和混合模式有利于环境。

（4）数值实验对本章命题和推论做了验证，并发现不同商业模式下参数对利润的敏感性会发生变化。消费者特征中，在销售模式下充电不便捷性是影响利润的主要因素，但混合模式下消费者行驶里程对利润影响更大。技术特征中，混合模式和销售模式下，初始容量成本对利润影响更大，但纯租赁模式下，衰减率的成本对利润影响更大。

# 第6章　考虑产品线的汽车制造商分时租赁模式采用及产品设计策略

## 6.1 引　言

本章考虑制造商针对不同类型消费者提供不同类型产品的情况，即在制造商产品线决策的背景下，研究商业模式与产品设计的相互关系，并分析其对企业和环境的影响。在信息不对称的情况下，企业希望区分消费者类型从而实施价格歧视，但又不知道具体消费者的类型，故企业通过提供多种类型产品让消费者自行选择，从而暴露自己的类型。现实中，大部分汽车制造商都拥有多种不同价格和类型的产品，这说明产品线策略是普遍被采用的策略。本章考虑产品线决策中价格和产品设计两个方面，即针对不同消费者设计不同产品并制定不同价格的决策问题。本章与第5章是递进关系，即从单产品设计向多产品设计递进。而且本章考虑了分时租赁平台的作用，这也将研究推进了一步。

在国内，分时租赁车型中90%以上是新能源汽车，而销售模式下新能源车销量仅占不到10%，这说明分时租赁模式下企业会偏向于采用更加绿色的产品。I. 贝洛斯等（2017）对这一变化进行了解释：制造商为了从性能表现更好的汽车中获得更高利润，遂故意提供环境表现更好（但性能表现更差）的产品，以避免同品牌产品间的竞争。但该理论不能解释所有现象，如2017年戴姆勒旗下分时租赁平台Car2go宣布将采用奔驰GLA和CLA车型替代更环保的Smart车型，其目的是提高用户体验（Hawkins，2017）；2017年分时租赁平台TOGO与奥迪合作引入奥迪A3车型从而升级用户体验①。以上例子存在

---

① 途歌. 途歌发布共享汽车2.0版本新车型奥迪A3投入运营［DB/OL］. 搜狐网，http：//www. sohu. com/a/201473044_268260，2017－10－30.

共同的趋势：分时租赁车型的性能表现在逐步升级，而其环境表现并没有提升，甚至有所下降。

基于以上观察，企业在汽车性能质量（比如，动力性能、舒适性等）与环境质量（比如排放等）之间存在选择。而现实中汽车的性能质量与环境质量往往是背反关系，即性能质量的提升往往引起环境质量的下降，反之亦然。比如，动力性能较强的汽车，排放往往较高（污染较大，环境质量较低）；新能源汽车的环境质量较高，但会产生充电不便捷等麻烦。结合以上案例，本章以性能质量和环境质量为产品设计的内容，从两种质量之间的取舍以及产品线的角度解释分时租赁与产品设计之间的关系。

综上，本章考虑汽车产品中环境质量与性能质量的背反关系，构建不同商业模式下产品线决策（包含产品设计和定价）模型；求解并比较不同模式下最优利润和产品设计，分析商业模式与产品设计之间关系；研究分时租赁模式对利润与环境的影响；最后分析政策因素的影响。

## 6.2  模型与假设

考虑一个制造商向消费者提供产品或服务的经济系统，制造商可以选择三种基本的商业模式，即销售模式 $S$、纯租赁模式 $L$ 和混合模式 $H$，其中，分时租赁服务必须通过租赁平台进行（比如，汽车分时租赁服务需要搭建汽车网络和信息网络平台，前者提供车辆和设施，后者提供租赁信息发布、租赁费用结算等运营支持），而租赁平台的引入存在两种方式，即自有平台 $x$ 和第三方平台 $y$。前者是制造商出资建立自己的平台，后者是制造商将产品卖给第三方平台，并由平台经营分时租赁服务。现实中，两种平台引入的方式均存在，比如，戴姆勒全资拥有分时租赁平台 Car2go，而 2018 年滴滴宣布与 12 家汽车企业共建共享汽车平台，这属于第三方平台。三种基本商业模式与两种平台引入方式组合，企业可以选择如图 6 - 1 所示的五种商业模式。

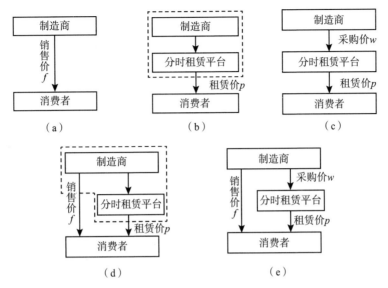

**图6-1　制造商可选择的商业模式组合**

如图6-1所示，企业可以选择五种商业模式向消费者提供产品或服务。(1) 销售模式 $S$ [见图6-1 (a)]，企业向消费者以价格 $f$ 销售产品。(2) 纯租赁模式 [见图6-1 (b) 和 (c)]，此时企业可以选择自己建立租赁平台并以租赁价格 $p$ 提供分时租赁服务，称为自有平台的纯租赁模式 $Lx$ [见图6-1 (b)]。企业也可以选择将产品以采购价格 $w$ 卖给第三方平台，再由第三方平台以租赁价格 $p$ 向消费者提供服务，称为第三方平台的纯租赁模式 $Ly$ [见图6-1 (c)]。(3) 混合模式 [见图6-1 (d) 和 (e)]。制造商同时采用销售和分时租赁模式，将一部分商品以销售模式卖出，另一部分则用于分时租赁。其中，图6-1 (d) 为制造商选择自有平台 $Hx$，图6-1 (e) 为制造商采用第三方平台 $Hy$。

企业先进行商业模式决策。当企业选择没有第三方平台参与的商业模式时 [见图6-1 (a)、(b) 和 (d)]，企业进行产品设计并制定价格，然后消费者根据产品质量和价格选择是否购买或租赁；当企业选择有第三方平台参与的商业模式时 [见图6-1 (c) 和 (e)]，企业进行产品设计并制定采购价格，平台根据采购价格和产品进行采购决策同时决定租赁价格，然后消费者进行决策。

假设企业生产的汽车质量包含两个方面：性能质量 $q_t$ 和环境质量 $q_e$（Chen

C，2001），两种质量满足消费者不同的需要，环境质量满足的是消费者对环境改善的需要，而性能质量则满足消费者对产品功能的需要。汽车环境质量具体表现为汽车排放的污染物排放量、油耗等，性能质量则表现为汽车动力性、舒适性、安全性等方面。假设两种质量之和为 1，即 $q_t + q_e = 1$（Bellos I et al.，2017；Chen C，2001）。这说明两种质量存在背反关系，即一方提高会造成另一方的下降。该背反关系在汽车质量上有明显的体现，比如，燃油汽车的排量越大，动力性能就越好，但是排放也就越高。而新能源汽车虽然有利于环境，但是便捷性、安全性等功能会受到影响。假设 $q_t \in (0，1)$ 且 $q_e \in (0，1)$，其中，0 和 1 分别表示质量的最低和最高限度，比如，对于性能质量而言，0 表示产品无法使用，1 表示性能能够达到的最高值；对于环境质量而言，0 表示汽车环境质量所容许的最低限度（如，我国执行的强制排放标准，所有汽车都必须满足该标准），1 表示产品环境质量的最高值。产品的质量决定了产品的生产成本，假设生产成本为二次形式 $C = k_t q_t^2 + k_e q_e^2$（Chen C，2001），其中 $k_t$ 和 $k_e$ 分别表示产品的性能质量和环境质量的成本系数。与第 5 章不同，本章产品设计是指对性能质量和环境质量的设计，这主要是依据本章引言中案例以及本章研究角度的不同而做的调整。因为研究侧重点不同，本章与第 5 章产品设计的内容存在区别，第 5 章较侧重新能源车推广的短板，故针对电池进行设计，本章针对 Car2go 等企业的现象进行建模，故侧重于性能质量与环境质量的取舍。

汽车分时租赁平台的构建不仅要提供网络信息平台（发布车辆位置信息、租赁费用结算等），还需要投入租赁车辆和配套设施，这会产生相应的成本。假设租赁平台建立的成本由拥有平台的一方承担，该成本为 $\rho N$，其中 $N$ 表示平台运营的车辆数，$\rho$ 表示单位车辆的运营成本系数。该假设反映了随着平台规模的扩大，成本会逐渐升高。比如，分时租赁平台中可供租赁的车辆越多，车辆购置成本（自有平台时，该成本为生产成本）就越高，同时运营人员成本也会增加。当平台由制造商拥有时，平台不进行决策（平台执行制造商的决策）。当平台由第三方拥有时，平台有权选择车型、采购数量和租赁价格，但只能从制造商提供的车型中选择。

假设消费者从分时租赁平台得到服务满足比例为 $a \in (0，1]$（Bellos I et al.，2017）。假设分时租赁服务存在合并效应。由于合并效应的存在，平台

为满足 $D$ 个人的需求，只需提供 $\eta D$ 数量的汽车，其中 $\eta \in (0, 1]$（Agrawal V V and Bellos I，2016；Yu Y et al.，2018）。$\eta$ 越小，合并效应越大。该假设与前文相同。

假设制造商的目标消费者包括绿色消费者和普通消费者两类，两类消费者的数量分别为 $D_g$ 和 $D_o$（Chen C，2001）。之所以考虑上述两类消费者，一方面，阿里研究院发布的《中国绿色消费者报告》显示，我国绿色消费者已经达到较大的数量，其影响无法忽略；另一方面，本章产品设计的侧重点在于环境质量与性能质量取舍（该侧重点来源于本章引言中案例），又由于绿色消费者较关注产品的环境质量，所以此处考虑绿色消费者的作用。假设普通消费者只关注汽车的性能质量，其每次使用汽车获得的效用为 $u_o = \theta_t q_t$，其中 $\theta_t$ 为消费者关于性能质量的敏感系数（$\theta_t > 0$）。假设绿色消费者不仅关注汽车性能质量，而且关注汽车环境质量，其每次使用汽车获得的效用为 $u_g = \theta_t q_t + \theta_e q_e$，其中 $\theta_e$ 为消费者关于环境质量的敏感系数（$\theta_e > 0$）。该假设的含义是，绿色消费者能够从汽车的环境质量中获得额外的效用，相关文献均采用类似假设描述普通消费者与绿色消费者的区别（Chen C，2001；Zhang Y et al.，2017）。

假设企业与消费者之间存在信息不对称。根据前文对产品线的解释可知，信息不对称使企业知道市场中存在绿色消费者和普通消费者，但不知道每个具体消费者的类型，所以企业针对不同类型消费者设计不同产品并制定不同价格，从而让消费者自己暴露类型信息。因此，将提供给普通消费者的产品记为 $o$，该类产品的性能质量和环境质量为 $q_t^o$ 和 $q_e^o$；将提供给绿色消费者的产品记为 $g$，该类产品的性能质量和环境质量为 $q_t^g$ 和 $q_e^g$，并记 $\bar{q}_t = \dfrac{q_t^o D_o + q_t^g D_g}{D_o + D_g}$ 为产品线的平均性能质量，相应地，$1 - \bar{q}_t$ 为平均环境质量（Chen C，2001）。

假设每个消费者在产品使用周期内，使用产品的总次数均为 $\lambda$，每次使用存在使用成本 $c$（比如，燃油汽车的油费和新能源汽车的充电费用，以及使用中的不便捷性），该成本由汽车拥有方承担（销售模式下消费者承担，分时租赁模式下平台承担）。假设两类消费者的价格敏感性为 $\xi$。因此，对于 $i \in \{o, g\}$，消费者购买的总效用为 $U_S^i = \lambda(u_i - c) - \xi f$，其中 $\lambda(u_i - c)$ 为单次使用获得的效用乘以总使用次数，分时租赁的总效用为 $U_L^i = a\lambda(u_i - \xi p)$，即实际总使用次数 $a\lambda$ 乘以一次使用的净效用 $u_i - \xi p$。

## 6.3　各种商业模式下产品设计策略分析

为了研究不同商业模式下制造商产品设计策略，接下来先分别构建各商业模式下，制造商的决策模型。由于企业是先决定商业模式，再决定产品设计与价格，所以根据逆向求解，本章先计算各模式下最优产品设计和价格决策，并得到最优利润，然后通过比较各模式利润确定企业的商业模式决策。

### 6.3.1　销售模式下产品设计策略

销售模式下，企业直接向消费者销售产品。企业对普通消费者以价格 $f_o$ 销售性能质量和环境质量为 $q_t^o$ 和 $q_e^o$ 的产品 $o$，企业对绿色消费者以价格 $f_g$ 销售性能质量和环境质量为 $q_t^g$ 和 $q_e^g$ 的产品 $g$。销售模式下企业决策模型为：

$$\max_{f_o, q_t^o, f_g, q_t^g} \Pi_S^{seg}(f_o,\ q_t^o,\ f_g,\ q_t^g) = (f_o - k_t q_t^{o2} - k_e q_e^{o2})D_o + (f_g - k_t q_t^{g2} - k_e q_e^{g2})D_g$$

$$(6-1)$$

$$\text{s. t. } \lambda(\theta_t q_t^o - c) - \xi f_o \geqslant 0 \qquad (6-2)$$

$$\lambda(\theta_t q_t^g + \theta_e q_e^g - c) - \xi f_g \geqslant 0 \qquad (6-3)$$

$$\lambda(\theta_t q_t^o - c) - \xi f_o \geqslant \lambda(\theta_t q_t^g - c) - \xi f_g \qquad (6-4)$$

$$\lambda(\theta_t q_t^g + \theta_e q_e^g - c) - \xi f_g \geqslant \lambda(\theta_t q_t^o + \theta_e q_e^o - c) - \xi f_o \qquad (6-5)$$

式（6-1）表示企业利润。产品的价格和质量必须满足式（6-2）至式（6-5），其中，式（6-2）表示普通消费者购买产品 $o$ 的总效用要大于0；式（6-3）表示绿色消费者购买产品 $g$ 的总效用大于0，式（6-2）和式（6-3）称为消费者参与约束；式（6-4）表示普通消费者购买产品 $o$ 的总效用大于产品 $g$；式（6-5）表示绿色消费者购买产品 $g$ 的总效用大于产品 $o$。式（6-4）和式（6-5）反映了同品牌产品间的竞争关系：由于消费者存在两种选择，其中一种产品价格偏高就会导致消费者全部购买另一种产品，两种产品在价格上相互抑制的关系即产品间竞争的表现。因此，制造商为了成功实施产品线策略（即不同消费者分别购买不同类型产品，从而使消费者暴露自己的类型），上述约束必须被满足，以上约束称为自选择（self-selection）约束。

## 6.3.2　纯租赁模式下产品设计策略

自有平台的纯租赁模式下，制造商通过自己的分时租赁平台提供分时租赁服务。企业向普通消费者以租赁价格 $p_o$ 租赁质量为 $q_t^o$ 和 $q_e^o$ 的产品 $o$，制造商向绿色消费者以租赁价格 $p_g$ 租赁质量为 $q_t^g$ 和 $q_e^g$ 的产品 $g$。自有平台纯租赁模式下制造商决策模型为：

$$\max_{p_o, p_g, q_t^o, q_t^g} \Pi_{Lx}^{seg}(p_o, p_g, q_t^o, q_t^g) = (p_o - c)a\lambda D_o - (k_t q_t^{o2} + k_e q_e^{o2})\eta D_o + (p_g - c)a\lambda D_g$$

$$- (k_t q_t^{g2} + k_e q_e^{g2})\eta D_g - \rho\eta(D_o + D_g) \qquad (6-6)$$

$$\text{s. t. } a\lambda(\theta_t q_t^o - \xi p_o) \geq 0 \qquad (6-7)$$

$$a\lambda(\theta_t q_t^g + \theta_e q_e^g - \xi p_g) \geq 0 \qquad (6-8)$$

$$a\lambda(\theta_t q_t^o - \xi p_o) \geq a\lambda(\theta_t q_t^g - \xi p_g) \qquad (6-9)$$

$$a\lambda(\theta_t q_t^g + \theta_e q_e^g - \xi p_g) \geq a\lambda(\theta_t q_t^o + \theta_e q_e^o - \xi p_o) \qquad (6-10)$$

式（6-6）为企业利润，$(p_i - c)a\lambda D_i(i \in \{o, g\})$ 表示两产品租赁的总收益。由于该模式下，车辆每次使用成本 $c$ 是由企业承担，所以 $p_i - c$ 是每辆车被租赁一次的利润率。而 $\lambda D_i$ 表示产品 $i$ 在产品使用周期内被使用的总次数，但由于消费者用车需求仅有比例 $a$ 被满足，所以消费者实际使用的总次数为 $a\lambda D_i$。$(c_t q_t^{i2} + c_e q_e^{i2})\eta D_i(i \in \{o, g\})$ 表示总生产成本，由于合并效应存在，所以制造商只需提供 $\eta D_i$ 辆车即可满足需求。$\rho\eta(D_o + D_g)$ 表示平台搭建成本。式（6-7）和式（6-8）表示两类消费者选择对应产品的效用应该大于 0。式（6-9）和式（6-10）表示普通（绿色）消费者选择产品 $o(g)$ 的效用应大于产品 $g(o)$ 的效用。同样地，式（6-9）和式（6-10）反映了在分时租赁模式下，产品间竞争的关系。

第三方平台的纯租赁模式下，企业向第三方平台以价格 $w_o$ 和 $w_g$ 提供质量分别为 $q_t^o$ 和 $q_e^o$、$q_t^g$ 和 $q_e^g$ 的两种产品，然后第三方平台根据两产品的采购价格和质量向两类消费者以租赁价格 $p_o$ 和 $p_g$ 供应对应产品，最后消费者进行租赁决策。第三方平台纯租赁模式下最优决策模型为：

$$\max_{w_o, w_g, q_t^g, q_t^o} \Pi_{Ly}^{seg}(w_o, w_g, q_t^g, q_t^o) = (w_o - k_t q_t^{o2} - k_e q_e^{o2})\eta D_o + (w_g - k_t q_t^{g2} - k_e q_e^{g2})\eta D_g$$

$$(6-11)$$

$$\max_{p_o, p_g} \pi_{Ly}^{seg}(p_o, p_g) = (p_o - c)a\lambda D_o + (p_g - c)a\lambda D_g - w_o\eta D_o - w_g\eta D_g - \rho\eta(D_o + D_g)$$

$$(6-12)$$

$$\text{s. t. 式 } (6-7) \text{ 至式 } (6-10)$$

$$(p_o - c)a\lambda D_o - w_o\eta D_o - \rho\eta D_o \geq 0 \qquad (6-13)$$

$$(p_g - c)a\lambda D_g - w_g\eta D_g - \rho\eta D_g \geq 0 \qquad (6-14)$$

$$(p_o - c)a\lambda D_o + (p_g - c)a\lambda D_g - w_o\eta D_o - w_g\eta D_g - \rho\eta(D_o + D_g) \geq$$
$$(p_o' - c)a\lambda D_o - w_o\eta D_o - \rho\eta D_o \qquad (6-15)$$

$$(p_o - c)a\lambda D_o + (p_g - c)a\lambda D_g - w_o\eta D_o - w_g\eta D_g - \rho\eta(D_o + D_g) \geq$$
$$(p_g' - c)a\lambda D_g - w_g\eta D_g - \rho\eta D_g \qquad (6-16)$$

式（6-11）为制造商利润。式（6-12）为第三方平台利润。由于平台的引入方式并不影响消费者决策，因此两类消费者自选择约束［式（6-7）至式（6-10）］同样适用于第三方平台的纯租赁模式。虽然，在该模式下，第三方平台有权利选择采购数量、采购品种，而且也没有必要与制造商采取相同的产品线策略，但是，制造商利用产品质量和采购价格能够限制第三方平台的决策，实际上第三方只有三种选择：退出；只经营一类车型；采取制造商的产品线策略（具体推导过程详见附录）。因此，只要产品线策略优于其他选择，第三方平台就会实施该策略。式（6-13）至式（6-16）则是产品线策略优于其他策略的条件。式（6-13）表示第三方平台选择经营产品 $o$ 是有利可图的，式（6-14）表示其经营产品 $g$ 也有利可图。式（6-15）和式（6-16）表示第三方平台经营两种商品好于只经营其中一种。$p_o'$ 和 $p_g'$ 表示单独经营一种产品时的租赁价格（$p_o'$ 和 $p_g'$ 详见附录）。

### 6.3.3　混合模式下产品设计策略

混合商业模式下，制造商同时进行销售和分时租赁服务，其中分时租赁服务包含自有和第三方平台两种方式。由于分时租赁模式下主要车型是新能源汽车，即环境质量更高的车型，所以混合模式下仅讨论企业对普通消费者采用销售模式，对绿色消费者采用分时租赁模式的情况。该模式下，制造商采用自有平台时，制造商向普通消费者以销售价格 $f_o$ 提供质量为 $q_t^o$ 和 $q_e^o$ 的产品 $o$，向绿色消费者以租赁价格 $p_g$ 提供质量为 $q_t^g$ 和 $q_e^g$ 的产品。自有平台的混合模式下产品线设计模型为：

$$\max_{w,\,q_t}\Pi_{Hx}(w,\ q_t) = (f_o - k_t q_t^{o2} - k_e q_e^{o2})D_o + (p_g - c)a\lambda D_g - (k_t q_t^{g2} + k_e q_e^{g2})\eta D_g - \rho\eta D_g \tag{6-17}$$

$$\text{s. t. } \lambda(\theta_t q_t^o - c) - \xi f_o \geqslant 0 \tag{6-18}$$

$$a\lambda(\theta_t q_t^g + \theta_e q_e^g - \xi p_g) \geqslant 0 \tag{6-19}$$

$$\lambda(\theta_t q_t^o - c) - \xi f_o \geqslant a\lambda(\theta_t q_t^g - \xi p_g) \tag{6-20}$$

$$a\lambda(\theta_t q_t^g + \theta_e q_e^g - \xi p_g) \geqslant \lambda(\theta_t q_t^o + \theta_e q_e^o - c) - \xi f_o \tag{6-21}$$

式（6-17）为制造商利润。式（6-18）和式（6-19）分别表示两类消费者参与约束。式（6-20）表示普通消费者选择购买的效用大于租赁的效用。式（6-21）表示绿色消费者选择租赁的效用大于购买。式（6-20）和式（6-21）表示销售产品与租赁产品间的竞争，若两约束不被满足，那么两类消费者会同时选择租赁或购买，此时模型退化为纯销售或纯租赁的模式。

混合模式下，制造商选择第三方平台时，制造商向普通消费者以销售价格 $f_o$ 提供质量为 $q_t^o$ 和 $q_e^o$ 的产品，向第三方平台以价格 $w_g$ 提供质量为 $q_t^g$ 和 $q_e^g$ 的产品。然后第三方平台向绿色消费者以租赁价格 $p_g$ 提供租赁服务。第三方平台的混合模式下产品线设计模型为：

$$\max_{f_o,\,w_g,\,q_t^o,\,q_t^g}\Pi_{Hy}(f_o,\ w_g,\ q_t^o,\ q_t^g) = (f_o - k_t q_t^{o2} - k_e q_e^{o2})D_o + (w_g - k_t q_t^{g2} - k_e q_e^{g2})\eta D_g \tag{6-22}$$

$$\max_{p_g}\Pi_{Hy}(p_g) = (p_g - c)a\lambda D_g - w_g\eta D_g - \rho\eta D_g \tag{6-23}$$

$$\text{s. t. 式（6-18）至式（6-21）}$$

$$(p_g - c)a\lambda D_g - w_g\eta D_g - \rho\eta D_g \geqslant 0 \tag{6-24}$$

式（6-22）为制造商利润，式（6-23）为第三方平台利润。由于分时租赁服务的提供方变化不会影响消费者决策的约束，因此式（6-18）至式（6-21）为该模式下消费者自选择模型。式（6-24）表示第三方平台选择提供分时租赁的利润应大于 0，否则其会选择退出。混合模式与纯租赁模式下的第三方平台约束区别在于，纯租赁时第三方有两种车型可以选择，而混合模式下，制造商只提供一类车型，故只考虑式（6-24）。

### 6.3.4　各模式比较分析

对各情况下的最优决策进行梳理，如表 6-1 所示。

表 6-1　　　　　　　　　　　**各模式下最优价格和产品设计**

| 商业模式 | 最优价格 | 最优产品设计 |
|---|---|---|
| 销售模式 | $f_t^* = \dfrac{\lambda(\theta_t q_t^o - c)}{\xi}$, $f_g^* = \dfrac{\lambda(\theta_t - \theta_e)q_t^g + \lambda\theta_e q_t^o - \lambda c}{\xi}$ | $q_t^{o*} = \dfrac{k_e}{k_t + k_e} + \dfrac{\lambda\theta_e D_g + \lambda\theta_t D_o}{(2\xi k_t + 2\xi k_e)D_o}$, $q_e^{o*} = 1 - q_t^{o*}$, $q_t^{g*} = \dfrac{\lambda(\theta_t - \theta_e)}{2\xi k_t + 2\xi k_e} + \dfrac{k_e}{k_t + k_e}$, $q_e^{g*} = 1 - q_t^{g*}$ |
| 自有平台的纯租赁模式 | $p_o^* = \dfrac{\theta_t q_t^o}{\xi}$, $p_g^* = \dfrac{(\theta_t - \theta_e)q_t^g + \theta_e q_t^o}{\xi}$ | $q_t^{o*} = \dfrac{k_e}{k_t + k_e} + \dfrac{a}{\eta}\dfrac{\theta_e \lambda D_g + \theta_t \lambda D_o}{2(k_t + k_e)\xi D_o}$, $q_e^{o*} = 1 - q_t^{o*}$, $q_t^{g*} = \dfrac{k_e}{k_t + k_e} + \dfrac{a}{\eta}\dfrac{(\theta_t - \theta_e)\lambda}{(k_t + k_e)2\xi}$, $q_e^{g*} = 1 - q_t^{g*}$ |
| 第三方平台的纯租赁模式 | $p_o^* = \dfrac{\theta_t q_t^o}{\xi}$, $p_g^* = \dfrac{(\theta_t - \theta_e)q_t^g + \theta_e q_t^o}{\xi}$, $w_g^* = \left(\dfrac{(\theta_t - \theta_e)q_t^g + \theta_e q_t^o}{\xi} - c\right)\dfrac{a\lambda}{\eta} - \rho$, $w_o^* = \left(\dfrac{\theta_t q_t^o}{\xi} - c\right)\dfrac{a\lambda}{\eta} - \rho - \dfrac{(1 - q_t^o)\theta_e a\lambda D_g}{\xi D_o \eta}$ | $q_t^o = \dfrac{k_e}{k_t + k_e} + \dfrac{a}{\eta}\dfrac{\lambda\theta_t D_o + 2\lambda\theta_e D_g}{2\xi(k_t + k_e)D_o}$, $q_e^{o*} = 1 - q_t^{o*}$, $q_t^g = \dfrac{(\theta_t - \theta_e)\lambda}{2\xi(k_t + k_e)}\dfrac{a}{\eta} + \dfrac{k_e}{k_t + k_e}$, $q_e^{g*} = 1 - q_t^{g*}$ |
| 自有平台的混合模式 | $f_o^* = \dfrac{\lambda(\theta_t q_t^o - c)}{\xi}$, $p_g^* = \dfrac{a(\theta_t - \theta_e)q_t^g + \theta_e q_t^o + (a - 1)\theta_e}{a\xi}$ | $q_t^{o*} = \dfrac{D_g\lambda\theta_e + D_o\lambda\theta_t}{2\xi(k_t + k_e)D_o} + \dfrac{k_e}{k_t + k_e}$, $q_e^{o*} = 1 - q_t^{o*}$, $q_t^{g*} = \dfrac{a\lambda(\theta_t - \theta_e)}{2\xi(k_t + k_e)\eta} + \dfrac{k_e}{k_t + k_e}$, $q_e^{g*} = 1 - q_t^{g*}$ |
| 第三方平台的混合模式 | $f_o^* = \dfrac{\lambda(\theta_t q_t^o - c)}{\xi}$, $p_g^* = \dfrac{a(\theta_t - \theta_e)q_t^g + \theta_e q_t^o + (a - 1)\theta_e}{a\xi}$, $w_g^* = \dfrac{(p_g^* - c)a\lambda}{\eta} - \rho$ | $q_t^{o*} = \dfrac{D_g\lambda\theta_e + D_o\lambda\theta_t}{2\xi D_o(k_t + k_e)} + \dfrac{k_e}{k_t + k_e}$, $q_e^{o*} = 1 - q_t^{o*}$, $q_t^{g*} = \dfrac{a\lambda\theta_t - a\lambda\theta_e}{2\xi\eta(k_t + k_e)} + \dfrac{k_e}{k_t + k_e}$, $q_e^{g*} = 1 - q_t^{g*}$ |

表 6 - 1 比较了各模式下最优决策，由此可以得到命题 6 - 1。

**命题 6 - 1**　（1）与销售模式相比，当 $\eta > a$ 时，纯租赁会使产品平均环境质量升高，性能质量降低；当 $\eta < a$ 时，纯租赁模式会使产品平均环境质量降低，但性能质量会提升。混合模式下产品平均环境质量总是处于销售和纯租赁模式之间的中等水平，性能质量也是如此。（2）当 $\dfrac{a}{\eta} < 1 - \dfrac{2cD_o\xi(k_e + k_t)}{\lambda\theta_t(D_g\theta_e + D_o\theta_t)}$ 时，普通消费者在销售和混合模式下支付价格较高，纯租赁模式下支付价格较低。当 $\dfrac{a}{\eta} < 1 - \dfrac{2cD_o\xi(k_e + k_t)}{\lambda(D_g\theta_e^2 + (\theta_t^2 + \theta_e^2 - \theta_e\theta_t)D_o)}$ 时，绿色消费者在销售模式下支付价格高于纯租赁模式，当 $\dfrac{a}{\eta} < \dfrac{(\lambda\theta_t - 2k_t\xi(1-a))D_o + \lambda\theta_e D_g}{a\lambda(D_g\theta_e + D_o\theta_t)}$ 时，绿色消费者在纯租赁模式下支付的价格要低于混合模式。（3）第三方平台对纯租赁模式影响较大，但对混合模式影响较小。与自有平台的纯租赁相比，第三方模式下产品平均环境质量更低，性能质量更高，且价格更高。

本命题比较了各种模式间的最优决策，包含了质量决策、价格决策和平台作用三个方面。从质量决策看，合并效应的大小决定了不同模式间产品环境质量的相对关系。其背后机理是，同品牌产品间竞争效应与合并效应的相互影响：销售模式与纯租赁模式主要区别在于合并效应，合并效应能够减小成本（由利润模型即可知），这激励企业提升产品质量，但企业应该提升环境质量还是性能质量？这取决于产品间竞争效应。由于产品间竞争效应抑制了企业从提升环境质量所获得的边际收益[①]，这扭曲了合并效应产生的激励。所以合并效应较大时，企业会更倾向于提升产品的性能质量。值得注意的是，该结论与之前章节有所不同，但背后机理却是一致的。前文发现合并效应能够降低企业承担的成本，从而产生产品改进的激励。而本章节发现，这种激励仍然存在，但会被产品间竞争效应所扭曲。由丁混合模式包含销售模式和分时租赁模式，在混合模式下合并效应和产品间竞争效应的影响被缓和（即 $\eta$ 仅影响一部分成本，而商业模式的差异加大了产品间差异，故缓和了竞争），所以混合模式

---

① 具体来说，该效应抑制了产品 $g$ 的价格。由表 6 - 1 中最优解可知，产品 $o$ 的价格是由参与约束决定的，而产品 $g$ 的价格是由激励相容约束决定的。这说明如果没有产品 $o$，企业能够从产品 $g$ 获得更高的价格，但产品 $o$ 的存在抑制了产品 $g$ 的价格。

的环境和性能质量总是处于中等水平。

从价格决策看，当合并效应较大时（即 $\eta$ 较小时），纯租赁模式下分时租赁价格也较高，当合并效应较小时，销售模式和混合模式下消费者支付价格较高。这是由于合并效应较大时，合并效应促使产品质量提高，从而导致价格提高。销售模式不受合并效应影响，而混合模式下合并效应的影响被缓解，所以合并效应较小时，纯租赁模式价格相对较低，而另两种模式的价格相对较高。

第三方平台的作用在于加剧产品间竞争效应。在第三方平台的纯租赁模式下，制造商提供两种产品会给平台更多的选择，这无形中增加了平台的议价能力［制造商为了让平台接受其产品线策略，除了满足式（6-13）和式（6-14），还需满足式（6-15）和式（6-16）］，从而影响采购价格，这最终导致制造商关于性能质量的边际收益提升。因此，与自有平台相比，第三方平台下企业偏向于提升性能质量，而价格也随着性能质量的提升而提高。而在混合模式下，制造商只采用一种产品进行分时租赁，平台没有选择的余地，此时平台的影响也减弱了。所以，混合模式能够缓和合并效应的作用，也能缓解平台对产品间竞争效应的影响。

由上述命题与原理可以总结的是，商业模式的转变不一定能够提升产品的环境质量，提升环境质量的关键在于合并效应较小。根据第 3 章引用的数据可知，国内分时租赁的合并效应水平并不高，所以分时租赁车型更加偏向于环境质量更高的车型，这解释了国内分时租赁主要采取新能源车的现象。但随着用户数量的增加，实践中车型变化呈现出了性能质量提升的趋势。比如，戴姆勒旗下分时租赁平台 Car2go 在 2017 年其用户数量已经超过 300 万人，年增长超 30%，其中 100 万人集中于美国①。数据显示，2017 年上半年 Car2go 的使用量增长了 40%②，这说明合并效应水平提升了。合并效应的增加使得一辆车被使用的次数增多，车辆的购置成本被摊薄，这会激励制造商改进质量，但由于产品间竞争效应减弱了环境质量的边际收益，所以这最终将导致产品的性能质量提升。事实也是如此，同年 Car2go 宣布在美国市场将提供更多奔驰 GLA 等高

---

① Bartosiak D. Car-Sharing Platform car2go Has Huge 2017 ［DB/OL］. Thedrive，http：//www.thedrive. com/sheetmetal/17593/car-sharing-platform-car2go-has-huge-2017，2018-01-11.

② Staff. Car2go Usage Increases 40% in First Half 2017 ［DB/OL］. Autorentalnews，https：//www.autorentalnews. com/141640/car2go-usage-increases-40-in-first-half-2017，2017-08-09.

端车型并逐步取代 Smart 车型。这说明合并效应增加使得产品更偏向于使用性能，而非环境质量。

综上，同品牌产品间竞争与合并效应是分时租赁模式影响产品线策略的两个关键因素，而第三方平台主要是通过产品间竞争影响产品线策略，而混合模式则是对合并效应和产品间竞争有缓和的作用。具体来说，合并效应会产生激励使企业提升产品质量，但这种激励会被产品间竞争效应扭曲，所以企业会追求性能质量的提升。第三方平台加剧了产品间竞争，也加剧这种扭曲的作用，所以第三方平台参与时，产品性能质量会进一步提升。由于混合模式缓和了两种效应，所以其产品质量也总是处于中等的水平。这是商业模式与产品线策略相互作用机理的基本框架。本节分析了基本机理，并比较了各模式的最优决策，接下来研究利润和环境同时改进的条件。

## 6.4  商业模式采用与产品设计相互影响分析

6.3 节已经研究了分时租赁模式影响产品线策略的基本原理，但并没有解决本章的关键问题：通过商业模式实现利润与产品环境表现的同时改进。该部分通过分析商业模式与产品设计的相互影响，从而研究该问题。由于本章侧重于产品线背景，因此主要讨论制造商利润和产品环境质量同时改进的问题[①]。研究思路如下：首先，比较各模式下利润，求出分时租赁模式改进制造商利润的条件，从而研究商业模式采用策略；其次，比较产品平均环境质量，求出分时租赁模式改进产品平均环境质量的条件；最后，综合两条件，求出利润与环境质量同时改进的条件。为了避免后续讨论情况过多，进一步假设消费者对性能质量的敏感性高于环境质量，即 $\theta_t > \theta_e$。这一假设基于一个事实：新能源汽车的销量相对较少，而汽车性能质量（如电池续航、动力性能等）是消费者的主要顾虑（石红波等，2014；徐国虎和许芳，2010）。这说明消费者在选择汽车时更加关注性能质量。

---

① 由于之前约束条件中，第三方平台只有在有利可图时才会选择参与，所以只要制造商选择第三方平台而且第三方平台参与约束被满足，那么第三方平台利润必然会得到改进，即制造商与第三方平台的改进条件是统一的。考虑到篇幅，不另外讨论。

**命题 6-2**　当 $\dfrac{c(1-a\xi)}{\xi} < \min(K_1(\eta),\ K_2(\eta),\ K_3(\eta))$ 时，制造商采用销售

模式；当 $\eta > \dfrac{3a\lambda\theta_e}{4c_t\xi}\dfrac{D_g}{D_o} + \dfrac{a\lambda\theta_t}{2c_t\xi}$ 且 $\dfrac{c(1-a\xi)}{\xi} > \max(K_1(\eta),\ K_4(\eta))$ 时，制造商采用自

有平台纯租赁模式；当 $\eta < \dfrac{3a\lambda\theta_e}{4c_t\xi}\dfrac{D_g}{D_o} + \dfrac{a\lambda\theta_t}{2c_t\xi}$ 且 $\dfrac{c(1-a\xi)}{\xi} > \max(K_2(\eta),\ K_5(\eta))$ 时，

制造商采用第三方平台纯租赁模式；当 $K_3(\eta) < \dfrac{c(1-a\xi)}{\xi} < \max(K_4(\eta),\ K_5(\eta))$

时，制造商采用混合模式。

　　企业采用相应商业模式的条件即制造商利润改进的条件，故本命题反映了分时租赁采用策略。为了更直观，可用图 6-2 表示本命题。由表 6-1 可知，混合模式下第三方平台并不影响决策和利润，所以图 6-2 中不区分两类混合模式。

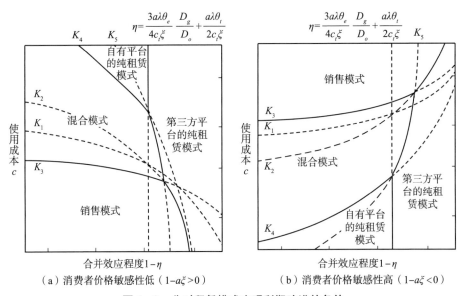

**图 6-2　分时租赁模式实现利润改进的条件**

　　由图 6-2 可知，消费者价格敏感系数、合并效应与产品的使用成本是影响商业模式采用策略的三个关键因素。（1）当消费者价格敏感性较低时，制造商应该根据合并效应与产品使用成本选择商业模式：若合并效应较大，制造商应该采用第三方平台进行纯租赁；若合并效应较小且使用成本较高，则应该

采用自有平台纯租赁；若合并效应较小且使用成本中等，则采取混合模式；若合并效应较小且使用成本较低，则采取销售模式。（2）当消费者价格敏感性较高时，制造商的商业模式选择会发生变化：当合并效应较小且使用成本较高时，制造商应该采用销售模式；而合并效应较小且使用成本较低时，则应采用自有平台纯租赁模式；合并效应小且使用成本中等时，采用混合模式；合并效应较大时采用第三方平台纯租赁模式。图 6 - 2 （a） 和 （b） 存在区别的原因是，由于分时租赁服务提供方要承担分时租赁汽车的使用成本（比如，充电、加油和打扫等），若消费者价格敏感性太高，该成本难以转嫁给消费者。

命题 6 - 2 中蕴含了非常丰富的管理意义。首先，价格敏感性较低时，制造商应该采用使用成本较大的产品进行分时租赁。根据经典微观经济学理论可知，消费者对于必需品的价格敏感性较低，出行服务属于必需品。因此，共享汽车应该采取使用成本较高的产品，其中使用成本包含使用不便捷性成本。而新能源汽车由于充电和行驶里程有限，其使用不便捷，故新能源车型较适于分时租赁。其次，纯租赁模式（包括自有和第三方）采用的条件相对来说是较为苛刻的。比如当价格敏感性较低时，纯租赁的采用必须满足使用成本较高或合并效应较大的条件。因此，相对于其他模式，纯租赁模式在现实中较难被采用。大型设备的例子可以佐证该观点，由于折旧和资金占用等原因，大型设备的使用成本较高，现实中大型设备更多采用租赁的模式①。最后，合并效应对第三方平台具有至关重要的作用。当合并效应较大时，第三方平台的模式比较有优势，而当合并效应较小时，只有对特定的产品（使用成本适中的产品），制造商才需要采用第三方平台进行分时租赁。2018 年滴滴宣布与 12 家制造商合作打造第三方共享出行平台，根据命题 6 - 2 可知，影响其成功的关键在于是否能够提升合并效应。也就是说，如何使用更少的车满足更多消费者的用车需求，是第三方平台要解决关键问题。若该问题能够解决，第三方平台必然会被制造商采用，若该问题不能够解决，制造商只有在其产品使用成本处于合适程度时，才有可能采用第三方平台。

命题 6 - 2 给出了分时租赁模式使利润得以改进的区域，接下来分析采用

---

① 2017 年全国塔式起重机保有量为 39.9 万台，而设备销量约 0.98 万台，其中更新需求就有 0.9 万台。这说明各大建筑企业的设备使用开始出现"由买转租"的趋势，租赁成为主要模式，而且客户选择租的关键原因之一就是大型设备使用成本高。

分时租赁模式改善产品环境质量的区域。

**命题 6 – 3** 与销售模式比较，当 $\eta < a$ 时，纯租赁模式（包括自有和三方平台）和混合模式不利于改进产品的平均环境质量；当 $a < \eta < a + a\dfrac{\theta_e}{\theta_t}\dfrac{D_g}{D_o + D_g}$ 时，自有平台的纯租赁模式有利于改进平均环境质量，但是混合模式和第三方平台的纯租赁模式均不利于平均环境质量的改进；当 $\eta > a + a\dfrac{\theta_e}{\theta_t}\dfrac{D_g}{D_o + D_g}$ 时，纯租赁模式和混合模式均能改善平均环境质量。

命题 6 – 3 说明，合并效应是影响产品平均环境表现的关键因素。合并效应较大时，纯租赁模式和混合模式并不利于产品平均环境质量的提升，相反，销售模式的产品质量会更倾向于环境质量。随着合并效应逐渐减小，纯租赁和混合模式将逐渐促使制造商选择有利于环境的产品。其原因在于，合并效应增大导致边际成本减少，使得制造商在性能质量上进行更多的投入。

结合命题 6 – 2 和命题 6 – 3 可以总结，分时租赁模式实现利润增长的同时改进产品环境表现的条件如下。

**推论 6 – 1** 当 $\eta > \max\left\{a,\ \dfrac{3a\lambda\theta_e}{4k_t\xi}\dfrac{D_g}{D_o} + \dfrac{a\lambda\theta_t}{2k_t\xi}\right\}$ 且 $\dfrac{c(1 - a\xi)}{\xi} > \max(K_1(\eta),\ K_4(\eta))$ 时，自有平台纯租赁模式能够保证制造商改进利润同时提升产品环境表现；当 $a + a\dfrac{\theta_e}{\theta_t}\dfrac{D_g}{D_o + D_g} < \eta < \dfrac{3a\lambda\theta_e}{4k_t\xi}\dfrac{D_g}{D_o} + \dfrac{a\lambda\theta_t}{2k_t\xi}$ 且 $\dfrac{c(1 - a\xi)}{\xi} > \max(K_2(\eta),\ K_5(\eta))$ 时，第三方平台纯租赁模式能够保证制造商在改进利润的同时提升产品环境表现；当 $\eta > a + a\dfrac{\theta_e}{\theta_t}\dfrac{D_g}{D_o + D_g}$ 且 $K_3(\eta) < \dfrac{c(1 - a\xi)}{\xi} < \max(K_4(\eta),\ K_5(\eta))$ 时，混合模式能够保证制造商改进利润同时提升产品环境表现。

图 6 –3 表示推论 6 –1 中利润与产品环境表现同时改进的条件。

图 6 –3 中阴影区域表示企业的产品设计偏向于性能质量，非阴影区域表示产品设计偏向于环境质量。图 6 –3 中区域 a 表示企业采取第三方平台纯租赁策略，并设计偏向于性能质量的产品；区域 b 和 c 表示企业采用销售模式，其中区域 b 中产品设计会偏向于环境质量（相对于其他模式而言）；区域 e 和 d 表示混合模式，其中区域 d 中产品设计偏向于环境；区域 g 和 f 表示自有平台的纯租赁模式，其中 f 表示产品设计偏向于环境。

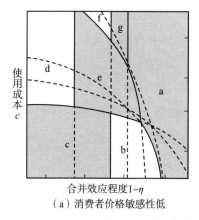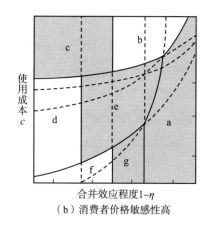

（a）消费者价格敏感性低　　　　　　　（b）消费者价格敏感性高

**图 6-3　利润与产品环境质量同时改进条件**

由此可知，分时租赁不仅能够改进利润还能够改善产品的环境表现，实现同时改善的关键在于使用成本与合并效应：（1）若价格敏感性较低时，只有合并效应较小且使用成本偏高时，分时租赁模式能够实现利润与环境表现的同时改进；（2）若价格敏感性较高时，只有合并效应较小且使用成本偏低时，分时租赁模式才能够实现利润与环境的同时改进。

图 6-3 的结论具有丰富的管理意义，该结论可以应用于理解分时租赁模式的发展。（1）合并效应的提升不利于产品平均环境质量的提升。活跃用户数量的不断增多必然会造成合并效应的增加，这虽然有利于分时租赁的推广（图 6-2 中合并效应增大时分时租赁区域的面积增大），却会使汽车更加偏向于性能质量。因此，分时租赁发展不充分（合并效应较小）时，分时租赁才更有利于提升汽车的环境表现。（2）当新能源汽车使用成本降低时（比如续航里程提升从而减少充电的不便捷），制造商将主要以销售模式提供新能源汽车，而非分时租赁模式。虽然使用成本的降低，能够降低分时租赁模式的运营成本，但是同时也增加了销售模式的利润。因此，电池技术改进并不利于分时租赁模式的发展。这与第 5 章结论相互对应，第 5 章发现电池衰减总量较高时，企业采取分时租赁才是较好的选择。

**推论 6-2**　当合并效应较大时，纯分时租赁模式和混合模式下（包括自有和三方平台），企业会选择偏向于性能质量的产品线策略；当合并效应中等时，自有平台的分时租赁模式下，企业会选择偏向于环境质量的产品线策略，但是混合模式和第三方平台的分时租赁模式下企业会选择偏向于性能质量的产品线策略；当合并效应较小时，纯分时租赁模式和混合模式下，企业都应采用偏向于环境质量的产品线策略。

由命题6－3可得出该推论，该推论说明了不同商业模式下产品线会呈现不同特征。只有当合并效应较小时，分时租赁的产品线才会具有"绿色"的特征（即平均环境质量较高），而合并效应较大时，分时租赁下产品线的平均性能质量会提升。

综上，分时租赁模式能够实现利润与产品环境表现的同时改进，但是存在条件。该条件由合并效应、产品使用成本等因素构成，而现实中这些因素往往与技术水平、消费者素质等难以控制的外生变量有关。因此，无论是政府还是企业都无法直接调整该条件。那么，接下来讨论，当该条件无法满足时，行政管理部门应该采取什么手段控制产品环境表现，同时尽量减小对企业利润的影响。

## 6.5　环境政策对商业模式和产品设计的影响分析

通过上述分析可以发现，分时租赁虽然能够实现利润与产品环境表现的同时改进，但是存在条件。当条件不满足时，采用分时租赁反而会刺激制造商降低产品环境表现。为解决这一问题，最为直接的手段是利用政策强制规定产品的环境质量。强制规定汽车环境质量的政策可以分为两类：限制环境质量最低值和限制环境质量平均值。2016年生态环境部发布了《轻型汽车污染物排放限制及测量方法（中国第六阶段）》（简称"国六"）。该标准将汽车环境质量细化为汽车排放污染物的含量，规定汽车排放污染物的最高限值。这实际上是规定了汽车环境质量的最低值。《中国乘用车企业平均燃料消耗量核算办法（CAFC）》明确规定我国乘用车产品平均燃料消耗量在2015年实现6.9升/百公里，到2020年降至5.0升/百公里。CAFC的计算方法是将某汽车企业每个车型对应的油耗与其产量求积后相加，再除以所有车型的产量，计算平均油耗。燃油消耗量是汽车环境质量的指标，该规定的本质是规定汽车环境质量的平均值。以上两类政策都是主要的环境政策并且对汽车行业有不容忽视的影响。比如，"国六"的实施将禁止"国五"标准的汽车继续销售和注册，这将显著影响制造商的生产和销售。而 CAFC 的实施已经使部分高油耗的车型退出中国市场。因此，本章主要研究以上两类标准实施对分时租赁商业模式和产品设计策略的影响。

## 6.5.1　"国六"政策对商业模式和产品设计的影响分析

"国六"排放标准实际上是对环境质量的最低值进行强制规定，因此假设环境质量最低值规定为 $1 - Q_1$（或性能质量最高值为 $Q_1$）。制造商生产的任何产品的环境质量都不能低于 $1 - Q_1$（或性能质量不高于 $Q_1$）。为了简便且不影响分析，后续将直接称 $Q_1$ 为排放标准。假设在所有模式下有 $q_t^g < Q_1 < q_t^o$，该假设含义是排放标准只对普通品的质量产生约束，对绿色品不产生约束。该假设的目的是保证后续讨论的结果具有意义。因为，若 $Q_1 > q_t^o$，那么标准 $Q_1$ 的存在将对质量决策没有影响，而 $Q_1 < q_t^g$ 时，此时排放标准对两种产品都产生约束，即企业只能够按照标准 $Q_1$ 设计质量，该情况下企业并不需要对质量进行决策。而且以上两种情况也不符合对现实的观察，因此，$Q_1$ 的范围应符合上述假设。

利用以上假设，"国六"标准下的制造商产品线设计问题实际上就是在原模型上增加约束条件 $Q_1 > q_t^o$。对模型重新计算可得到命题 6 – 3。为了简便，设 $\Delta Q_1$ 为各模式下普通品性能质量与标准的差距，即 $\Delta Q_1 = q_t^o - Q_1$。该变量实际上描述了，为了满足排放标准，制造商环境质量调整的程度（简称质量调整量），$\Delta Q_1$ 越大，制造商为达到标准所需提升的环境质量就越多。为了避免混淆，设 $\Delta Q_1^S$、$\Delta Q_1^{lx}$、$\Delta Q_1^{ly}$ 分别表示纯销售、自有平台和第三方平台纯租赁模式的质量调整量（上标为各模式的简写，由于上文求出销售模式与混合模式下产品 o 性能质量相同，因此，只需讨论上述三个变量）。由于汽车实际排放与排放标准均能够测定，因此 $\Delta Q_1$ 是具有实际操作意义的变量。

**命题 6 – 4**　"国六"排放标准的实施必然会改进产品的平均环境质量，但同时也必然会导致利润的损失。在销售模式和混合模式下，当质量调整量为

$\Delta Q_1$ 时，利润损失量为 $(k_t + k_e)\Delta Q_1^2 D_o$。在纯租赁模式下（包括自有平台和第三方平台），当质量变化量为 $\Delta Q_1$，利润损失量为 $\eta(k_t + k_e)\Delta Q_1^2 D_o$。"国六"标准的实施会造成商业模式的转变：（1）当 $\eta < \left(\dfrac{\Delta Q_1^S}{\Delta Q_1^{Ly}}\right)^2$ 时，混合模式和销售模式会向纯租赁模式转化；（2）当 $\left(\dfrac{\Delta Q_1^S}{\Delta Q_1^{Lx}}\right)^2 > \eta > \left(\dfrac{\Delta Q_1^S}{\Delta Q_1^{Ly}}\right)^2$ 时，混合模式会向自有平台纯租赁模式转化，第三方纯租赁模式则会向销售模式和混合模式转化；（3）当 $\eta > \left(\dfrac{\Delta Q_1^S}{\Delta Q_1^{Lx}}\right)^2$ 时，纯租赁模式会向销售模式和混合模式转化。

根据命题 6 - 4 可得出三点结论。（1）"国六"排放标准的实施能够改进产品环境表现，但是以牺牲利润为代价。产品生产成本越高（$k_t$ 和 $k_e$）或普通消费者数量越大，利润损失就越大。（2）合并效应只影响纯租赁模式，合并效应越小，纯租赁模式受到"国六"影响越小。（3）合并效应与质量调整量的比值，决定了"国六"对商业模式的影响：当合并效应较大或销售模式质量调整量较大时，"国六"有利于纯租赁模式的发展；当合并效应较小或销售模式质量变化量较小时，"国六"有利于销售和混合模式发展；当合并效应和销售模式质量调整量处于中等水平时，"国六"有利于自有平台纯租赁，不利于第三方平台纯租赁，而对混合模式和销售模式的影响则难以确定。

命题 6 - 4 提供了丰富的管理启示。（1）从减小制造商利润损失角度而言，"国六"实施的时机应该选择消费者环保意识提升的时期，环保意识的提升降低了普通消费者的数量，从而降低了政策对利润的影响。（2）各商业模式之间，"国六"对利润的影响程度具有区别，利用该区别可以调控制造商的商业模式采用。但是必须注意，合并效应和质量调整量的比值共同决定了商业模式的转变。比如，销售模式的车型普遍更偏向于性能，而分时租赁更偏向于环境，此时，"国六"标准的实施，表面上对分时租赁更有利，但是，合并效应若不够大，"国六"的实施并不会促进分时租赁的发展。

## 6.5.2　CAFC 政策对商业模式和产品设计的影响分析

CAFC 实际上是对汽车平均环境质量进行强制规定。假设 $1 - Q_2$ 为平均环境质量的最低平均水平（或 $Q_2$ 是性能质量的最高平均水平），即制造商所有产品的平均环境质量不低于 $1 - Q_2$。为了简便且不影响分析，将 $Q_2$ 称为油耗标准，同时为了利于"国六"与 CAFC 比较，假设 $Q_1$ 与 $Q_2$ 具有相同的单位（即两者换算为同一单位以利于比较）。假设对于所有商业模式，油耗标准 $1 - Q_2$ 高于平均环境质量 $1 - \bar{q}_t$（其中，$\bar{q}_t = \dfrac{q_t^g D_g + q_t^o D_o}{D_g + D_o}$），即 $1 - Q_2 > 1 - \bar{q}_t$（或 $Q_2 < \bar{q}_t$）。模型上，处理方式与第 6.5.1 节相同，只要在原模型基础上增加约束 $Q_2 < \bar{q}_t$ 即可，分析计算结果可得命题 6 - 5。与"国六"分析方法类似，假设 $\Delta Q_2$ 为 CAFC 标准与各模式下平均质量水平差距，即 $\Delta Q_2 = \bar{q}_t - Q_2$。$\Delta Q_2$ 的含义是制造商平均环境质量的调整量。设 $\Delta Q_2^S$、$\Delta Q_2^{Lx}$、$\Delta Q_2^{Ly}$、$\Delta Q_2^H$ 分别表示纯销售、自有平台、第三方平台纯租赁模式和混合模式的质量调整量。同样，$\Delta Q_2$ 也是具有实际操作意义的变量。

**命题 6 - 5**　CAFC 的实施虽然能够改进产品平均环境质量，但是必然造成利润的损失。当质量调整量为 $\Delta Q_2$ 时，销售模式利润损失量为 $\dfrac{\Delta Q_2^2 (D_o + D_g)}{4(k_e + k_t)}$，自有平台纯租赁模式利润损失量为 $\dfrac{\Delta Q_2^2 (D_o + D_g)}{4\eta(k_e + k_t)}$，第三方纯租赁模式的利润损失量为 $\dfrac{\Delta Q_2^2 (D_o + D_g)}{\eta(k_e + k_t)}$，混合模式的利润损失量为 $\dfrac{\Delta Q_2^2 (\eta D_o + D_g)}{4\eta(k_e + k_t)}$。CAFC 的实施不仅影响企业利润，还会改变企业的商业模式：（1）当 $\eta < \min\left(\left(\dfrac{2\Delta Q_2^{Ly}}{\Delta Q_2^S}\right)^2,\right.$ $\left.\dfrac{(\Delta Q_2^H)^2 D_g}{(\Delta Q_2^S)^2 (D_o + D_g) - (\Delta Q_2^H)^2 D_o}\right)$ 时，CAFC 有利于销售模式发展；（2）当 $\eta <$ $\dfrac{(\Delta Q_2^{Lx})^2 (D_o + D_g)}{(\Delta Q_2^H)^2 D_o} - \dfrac{D_g}{D_o}$ 时，CAFC 有利于自有平台纯租赁模式的发展；（3）当 $\eta > \max\left(\dfrac{(\Delta Q_2^H)^2 D_g}{(\Delta Q_2^S)^2 (D_o + D_g) - (\Delta Q_2^H)^2 D_o}, \dfrac{4(\Delta Q_2^{Ly})^2 (D_o + D_g)}{(\Delta Q_2^H)^2 D_o} - \dfrac{D_g}{D_o}\right)$ 时，CAFC 有利于混合模式发展；（4）$\left(\dfrac{2\Delta Q_2^{Ly}}{\Delta Q_2^S}\right)^2 < \eta < \dfrac{4(\Delta Q_2^{Ly})^2 (D_o + D_g)}{(\Delta Q_2^H)^2 D_o} - \dfrac{D_g}{D_o}$ 是 CAFC 有利于第三方平台纯租赁模式的必要条件。

由命题 6 - 5 可得出两点结论。（1）与"国六"相同，CAFC 的实施能够改善产品环境表现，但仍然会造成利润损失。消费者总数量（$D_o + D_g$）越大，CAFC 对利润的影响越大。合并效应越大，纯租赁和混合模式的利润损失越大，但对销售模式没有影响。成本越高，利润损失越小。（2）合并效应较大时，CAFC 有利于销售模式和自有平台模式，而合并效应较小时，CAFC 有利于混合模式。

命题 6－5 提供了丰富的管理启示。（1）CAFC 政策的实施对大企业影响更大，因为根据命题 6－5 可知，消费者总数量越大，利润损失越高。（2）CAFC 与"国六"政策相比，合并效应对利润的影响是相反的。当合并效应增大，"国六"对分时租赁模式的影响变小，但是 CAFC 对分时租赁的影响会变大。这说明采用不同政策手段能够激励或抑制分时租赁企业通过技术等手段改进合并效应。（3）不同政策对商业模式选择的影响也存在差别，合并效应较大时，"国六"的实施更有利于分时租赁，但是 CAFC 更可能有利于销售模式。这一区别同样为制定组合政策提供空间。

根据命题 6－4 和命题 6－5 可知，强制政策手段虽然能直接有效提升产品环境表现，但是必然会牺牲利润，而且根据利润损失量的数学式可知，质量调整量与利润损失量之间是平方关系，所以两政策可能对制造商会产生非常大的影响①。那么采用哪个政策能够尽量小地影响利润？通过比较两政策得出命题 6－6。

**命题 6－6** 实现相同水平的产品平均环境质量，CAFC 比"国六"牺牲更少的利润。

综上，通过比较"国六"和 CAFC 政策的影响，发现强制政策并不能帮助实现利润与产品环境表现的同时改进，但确实能够提升产品的环境质量。总体来说，CAFC 能够牺牲更少的利润，但在细节上，两政策在对利润和商业模式选择的影响上存在区别：在两种政策下，合并效应对利润的影响不同，对商业模式选择的激励也不同。利用这些区别，能够更好地制定政策引导分时租赁模式发展。

---

① 利润损失量与质量调整量之间的平方关系说明"国六"的实施对汽车企业利润水平将产生较大影响。2018年多地被迫暂停了"国六"的推行，其原因是"国六"的推行较大影响汽车行业的利润，这支持这一观点。

# 6.6　本　章　小　结

本章在产品线背景下探讨了分时租赁与产品设计之间的关系。在该问题中，本章主要刻画了两个重要因素。一是企业同时生产多种产品时，同品牌产品间存在竞争效应。该效应是通过消费者自选择模型描述，反映了产品间价格会相互制约。二是合并效应使得分时租赁模式能够以较少车辆满足较多的用车需求。这两个因素共同构成了本章分时租赁与产品设计相互关系的理论框架。该框架是：合并效应能够有效减小企业成本，这对企业产生了提升质量设计的激励。但由于同品牌产品间存在竞争，竞争效应限制企业从提升环境质量中获得的边际收益，从而扭曲了合并效应产生的激励。这最终使企业倾向于提升性能质量。以上是贯穿本章的内在机理，以该机理为基础，具体结论如下。

（1）在合适条件下，商业模式的转变有利于提升汽车的环境质量。概括来说，该条件是合并效应较小。其原因首先是产品间竞争效应会扭曲合并效应产生的激励，从而使企业产生提升性能质量的倾向。其次，第三方平台的作用实质上是加剧产品间竞争。由于纯租赁模式下第三方平台有多种产品可以选择，这无形中增加了其议价能力，从而加剧产品间竞争效应。此时合并效应的激励被扭曲得更加明显，所以第三方平台的引入导致产品环境质量降低。但混合模式下第三方平台没有影响，其原因是该模式下平台的车型选择较少。最后，混合模式缓解了合并效应，也缓解了产品间竞争（因为商业模式的差别造成产品间差异，产品差异越大，竞争越小），所以混合模式下，产品环境质量介于其他模式之间。

（2）消费者价格敏感性、合并效应和产品使用成本是影响企业商业模式采用的三个关键因素。首先，在价格敏感性低的情况下，当合并效应较大时，企业应该采用第三方平台的纯租赁模式；若合并效应中等且产品使用成本较高时，自有平台的分时租赁模式是较好的选择；合并效应中等或偏低时，使用成本相对处于中等水平时，混合模式是更好的选择，而使用成本较低时，企业会采用销售模式。其次，价格敏感性高时，分时租赁模式下，企业承担使用成本之后难以转嫁给消费者，所以企业在使用成本高时采用销售模式，使用成本中等和较低时采用混合模式和纯租赁模式。

（3）纯租赁和混合模式有利于同时提升企业利润和产品环境质量，但存在条件。当合并效应较高时，企业必然采用第三方纯租赁模式，此时企业更倾向于采取注重性能质量的设计策略。当合并效应中等时，销售模式更有利于利润和环境。当合并效应较小时，在合适的使用成本条件下，纯租赁和混合模式更有利于环境和利润。简言之，第三方纯租赁模式仅在合并效应较大时有利于利润，但不利于环境质量。在合并效应较小时，混合模式和自有平台纯租赁模式才可能有利于利润和环境。

（4）不同商业模式下企业最优产品线策略存在区别，这导致不同商业模式下产品线呈现不同特征。当合并效应较大时，分时租赁模式下产品线呈现更加偏向于性能质量的特征，即产品线中各产品的平均性能质量会高于销售模式；当合并效应较小时，分时租赁产品线则偏向于环境质量。

（5）CAFC 和"国六"政策能改善产品环境表现，但是必然造成利润损失。利润损失的大小取决于消费者总数量、生产成本等因素。总体来说，对于相同程度的环境质量改善，CAFC 比"国六"牺牲利润更少。CAFC 和"国六"对商业模式选择的影响存在差别。合并效应较大时，"国六"的实施更有利于纯租赁模式，但是 CAFC 更可能有利于销售模式；合并效应较小时，CAFC 较有利于混合模式，"国六"则更有利于销售模式和混合模式。因此，CAFC 和"国六"的选择必须将合并效应作为一个重要指标。

# 第7章 结论与展望

## 7.1 结 论

本书围绕汽车制造商分时租赁模式采用及产品设计策略问题，将该问题分为四步进行研究，即：消费者出行选择行为分析（理论基础）—分时租赁模式采用策略—单产品下分时租赁模式采用与产品设计结合—多产品下分时租赁模式采用与产品设计结合。具体来说，本书主要结论如下。

首先，分时租赁作为汽车出行体系中的一种模式，与私家车出行、网约车为互补共存关系。这种互补关系使得不同模式适于不同里程出行，即网约车适于短里程出行，分时租赁适于中等里程出行，而当用车需求较大时消费者才会购车。现实中网约车与分时租赁订单的里程分布特征能够支撑该观点。出行模式间互补关系决定了分时租赁不会被其他出行模式取代，但会被其他模式制约。分时租赁消费者的出行行为具有临时性和中等里程的特征，该特征解释了分时租赁的车辆利用率低于网约车模式的现象。分时租赁存在合并效应，企业通过合理的运营决策能够实现并提升合并效应。

其次，合并效应、技术水平和新能源车补贴决定了企业的商业模式采用策略。合并效应是企业采用纯租赁和混合模式的关键因素；补贴因素能够促使纯租赁转化为混合模式，同时增加销售模式的可行区域；纯租赁模式较适于新能源车技术水平较低的情况，混合模式较适于新能源车技术水平较高的情况。分时租赁能够有利于企业利润、消费者剩余和新能源车推广，其关键条件是合并效应较大。

再次，新能源车的短板在于电池技术引起的充电不便捷和电池衰减问题。针对该问题，本书发现电池的初始容量与衰减总量之间存在互补关系，即若初始容量下降（或衰减总量增加），企业应该通过减少衰减总量（或增加初始容量）以补偿消费者的损失。初始容量的重要性高于衰减率，所以，企业倾向于采取高初始容量的设计策略。这与新能源汽车设计趋势相符合。在合并效应较大情况下，纯租赁和混合模式能够刺激企业改善新能源车设计。在电池衰减总量较大或中等时，纯租赁和混合模式对企业利润有利。

最后，当企业针对不同类型消费者设计生产不同产品时，同品牌产品间存在竞争效应，而分时租赁模式存在合并效应。本书发现，合并效应会对企业产生改进产品设计的激励，但同品牌产品间竞争效应抑制了企业从绿色消费者中获得的边际收益，所以合并效应的激励会扭曲，合并效应越大，企业的设计策略越偏向于提升产品性能质量。当消费者价格敏感性较低时，若产品使用成本相对较高，分时租赁和混合模式有利于利润；当价格敏感性较高时，若产品使用成本相对较低，分时租赁和混合模式有利于利润。因此，分时租赁和混合模式能够改善企业利润同时提升产品环境质量，但其条件是合并效应较小。合并效应较大时，只要使用成本处于合适水平，分时租赁和混合模式有利于利润同时提升产品性能质量。

综上，虽然各章研究侧重点和角度有所不同，但整篇文章存在一条主线，即合并效应。分时租赁存在的意义在于，通过消费者间共用车辆从而提升车辆使用效率，进而为社会、企业和消费者创造更多的价值。而合并效应即为该意义的体现，这也是理解本书最基本的思路。该主线可以将各章节串联起来，形成一个整体。为此，先回顾一下本书刻画的几个基本矛盾。第 3 章中，均衡中的主要矛盾是消费者参与意愿与系统容纳能力的平衡；第 4 章中主要刻画了新能源车补贴、新能源车技术和合并效应在分时租赁模式采用策略中的作用；第 5 章的主要矛盾是消费者需求与成本的矛盾；第 6 章则刻画了合并效应与产品间竞争效应之间的相互作用。各章节主要矛盾各不相同，但又相互联系。接下来以该主线解释本书模型的基本机理，串联各章节主要矛盾，并概括主要结论。

合并效应是由"共享"特征而产生，其产生机理是均衡下消费者愿意承担一定程度的分时租赁交易成本，从而使愿意参与人数超过系统车辆数（这反映了第 3 章的矛盾）。合并效应的本质是提高车辆利用率，当合并效应较大时，车辆利用率的提升使企业获利。相比于补贴政策和技术因素，合并效应才是企业选择分时租赁的关键因素（这对应了第 4 章的内容）。车辆利用率的提升使得分时租赁下企业所承担成本更低，这缓解了消费者需求与车辆设计成本的矛盾，从而激励企业设计更好的产品（这对应了第 5 章的主要矛盾）。合并效应的成本减少作用会被同品牌产品间竞争效应扭曲，从而使得企业在合并效应较大时，倾向于改进汽车的性能质量，而忽略环境质量（对应第 6 章的基本机理）。因此，简言之，车辆利用率与合并效应是分时租赁模式价值的反映，也是理解该商业模式的关键。

## 7.2　展　　望

根据普华永道发布的研报《改变汽车行业的五大趋势》可知，共享化是未来汽车发展的重要趋势。围绕我国汽车分时租赁实践，我们可以观察到一些有趣的现象或值得研究的问题，但针对该商业模式的研究文献还相对较少，相关现象与问题在理论上没有得到充分的讨论。本书在该方向上做了一些工作，但仍存在一些不足及值得深入研究的地方。

首先，本书在单企业背景下考虑分时租赁的相关问题，但是现实中分时租赁市场往往存在多个企业相互竞争，所以在不同市场结构下，研究分时租赁相关问题是一个值得延伸的方向。具体来说，在多企业背景下，类似相关实践中存在一个有趣的现象——"独角兽"现象，即个别企业占据市场中的大部分份额。比如，网约车、共享单车与汽车分时租赁较类似，网约车中滴滴占据主要市场，共享单车中摩拜和 ofo 曾经占据主要市场。网约车与共享单车都具有共同点，即消费者每次使用产品（比如单车或网约车）的时间较短，虽然交易成本较低，但其在总使用成本中的比重较大。比如共享单车押金较少，但是相对于其总使用成本，其比例却较大；又比如虽然网约车不需要押金，但消费者更换网约车品牌时，仍需要承担一些成本（如下载新的手机应用），该麻烦成本不高，但在总使用成本中比重却不低。此类麻烦成本使得消费者倾向于使用某一种品牌，而不是使用多个品牌。明显地，汽车分时租赁也存在此类麻烦成本，这会使得分时租赁行业存在形成"独角兽"的趋势。但汽车分时租赁又与其他共享模式有区别，汽车分时租赁非常依赖于本地资源，比如停车位、牌照等，而此类资源必然是分散的。综上，分时租赁行业中市场结构演变的规律，是非常有趣且适合数理解析方法研究的问题。

其次，本书没有细致考虑企业运营策略，比如，投入规模和分时租赁车辆布局等决策。本书设计的模型较适合研究合并效应，但是对于分时租赁的规模效应没有研究。由于汽车分时租赁属于重资产行业，规模效应对于企业决策具有至关重要的作用。该效应的解析分析需要设计更加细致的企业决策模型，比如考虑汽车需求量与供给量的不匹配等，这是比较复杂的问题，也是下一步的研究方向。一个值得思考的研究思路是，利用分时租赁车辆布局优化模型进行研究。因为布局优化模型刻画的主要矛盾是供给与需求不匹配，考虑不同规模下的布局优化，然后进行比较，则有可能可以分析规模效应。

再次，本书没有考虑分时租赁相关的供应链问题，这是未来值得深入的研究方向。分时租赁供应链与一般供应链的区别在于，分时租赁模式中必然涉及分时租赁平台企业，平台企业有一定的讨价还价和车型选择的权利，故对供应链有所影响。这一区别决定了传统供应链理论不能完全适用于分时租赁供应链，因此，该研究方向有利于对传统理论进行补充和发展。

最后，从微观角度，分时租赁模式的成功还需要解决一些较为细节的问题。比如，违反交通规则和车损赔偿的分担问题、消费者行为的道德风险问题等。罚款和车损的分担较适于采用与保险有关的协调模型来解决，该问题的直觉认识是，既然该成本是由消费者造成的额外支出，那必然应该是消费者承担。但是过分追责又会减少顾客数量，因此，采用保险的手段能够使之在责任与风险之间获得平衡。另外，分时租赁中的道德风险问题（比如消费者为自己方便，不注重车辆卫生等，从而造成打扫成本上升）也是值得研究的问题。本书对分时租赁模式进行了理论分析，但相关结论缺乏实证支撑。收集相关数据并进行实证论证，也是未来的工作方向。

# 附　　录

## 一、第 3 章相关证明

### （一）命题 3 - 1 的证明

根据相关文献的求解方法（Villas-Boas J M and Miguel J，2018）可知，价值函数在分段点处必须要满足平滑粘贴和价值匹配条件（即价值函数必须是连续且可导，否则微分方程在分段点处不存在）。因此，在两个分段点 $|l| = 0$ 和

$\left| \dfrac{c - c_h}{h - p} \right| = 0$ 处，必然有 $V(0)^- = V(0)^+$、$V'(0)^- = V'(0)^+$、$V\left( \dfrac{c - c_h}{h - p} \right)^- =$

$V\left( \dfrac{c - c_h}{h - p} \right)^+$ 和 $V'\left( \dfrac{c - c_h}{h - p} \right)^- = V'\left( \dfrac{c - c_h}{h - p} \right)^+$，其中由于对称性，$V'(0)^- = V'(0)^+ =$

0。这些条件共同决定了微分方程系数，代入求解有 $C_1 = 0$、$C_2 = C_4 -$

$\dfrac{(c - c_h)^3}{3\sigma^2 (h - p)^2}$、$C_3 = -\dfrac{(c - c_h)^2}{\sigma^2 (h - p)}$。求出以上参数后，还需求解 $C_4$ 和 $|\Delta|$，联立

式（3 - 12）和式（3 - 13）可以求解两未知数。由于价值函数为分段函数，临界点 $|\Delta|$ 有可能发生在两个分段之中，故分情况讨论。根据函数 $V$ 的性态可知（连续可导及增减性），只存在一个 $|\Delta|$ 使得平滑粘贴条件被满足。若分段

点处导数 $V'\left( \dfrac{c - c_h}{h - p} \right)$ 大于 $N(v - c_v)$，那么 $V(l)$ 与 $\Omega(l)$ 的切点一定在

$\left[ 0, \dfrac{c - c_h}{h - p} \right]$ 范围内，故令 $\dfrac{(h - c_v)|l|^2 + 2|l|(c_h - f/N)}{\sigma^2} = N(\theta - c_v)$，求解得到

$|\Delta_h|$ [舍去负解，形如式（3-14）]。若分段点处导数 $V'\left(\dfrac{c-c_h}{h-p}\right)$ 小于 $N(\theta-c_v)$，

令 $\dfrac{(p-c_v)|l|^2+2|l|(c-f/N)}{\sigma^2}-\dfrac{(c-c_h)^2}{\sigma^2(h-p)}=N(\theta-c_v)$，可得 $|\Delta_s|$ [如式（3-15），

舍去负解]。将 $|\Delta_h|$ 与 $|\Delta_s|$ 代入式（3-12），分别得两种情况下的系数 $C_4$

（不影响讨论故不写出具体形式）。展开 $V'\left(\dfrac{c-c_h}{h-p}\right)$，$V'\left(\dfrac{c-c_h}{h-p}\right)<N(\theta-c_v)$ 可

写为 $N(\theta-c_v)\sigma^2>\dfrac{(c-c_h)(((h-2p+c_v)c_h+c(h-c_v))N-2f(h-p))}{(h-p)^2N}$，明显

地，$\theta$ 和 $\sigma^2$ 较大时，$V'\left(\dfrac{c-c_h}{h-p}\right)<N(\theta-c_v)$ 被满足，故得相应结论，证毕。

### （二）推论 3-1 的证明

首先，求解网约车不存在且不确定性里程时，消费者最优停止决策。由于网约车的消失不影响租车与购车间的基本矛盾，也不影响私家车价值 $\Omega$，故最优停止问题仍如式（3-6）。但是当期效用变为 $\hat{\pi}(l)=(\theta-p)|l|-c-(\theta-c_v)|l|+f/N$，即等待时消费者的选择减少了。该模型的平滑粘贴条件和价值匹配条件仍然不变（因终止价值不变），且 $|l|=0$ 处有 $V'(0)^-=V'(0)^+$。将这些定解条件，结合上述相同方法，可以求解出网约车不存在时，等待与停止的临界里程为（舍去负解）：

$$|\Delta|=\dfrac{f/N-c+\sqrt{(p-c_v)N(\theta-c_v)\sigma^2+(c-f/N)^2}}{p-c_v} \tag{A1}$$

其次，求解确定里程且没有网约车情况下消费者临界行驶里程。由于行驶里程不变化，只要购车在某一期的效用高于分时租赁，那么每一期效用都高于分时租赁，此时消费者选择购车就是最优选择，反之应选分时租赁。由此得到临界行驶里程必然满足 $(\theta-p)|l|-c=(\theta-c_v)|l|-f/N$（按照该式，此时临界里程即私家车划算的里程范围）。计算求解 $|l|$，可得行驶里程确定时消费者购车的临界里程：当 $c-f/N<0$ 时，$|\tilde{\Delta}|=\dfrac{f/N-c}{p-c_v}$；当 $c-f/N\geq0$ 时，$|\tilde{\Delta}|=0$。由于 $c_v<p$，若 $c-f/N>0$，对于任何 $|l|$，$(\theta-p)|l|-c<(\theta-c_v)|l|-f/N$ 都成立。此时消费者会立即买车，即 $|\tilde{\Delta}|=0$，故为分段函数。显然，$|\Delta|>$

$|\tilde{\Delta}|$。由计算过程可知，$|\tilde{\Delta}|$反映了私家车更划算的里程范围。令$|\Delta|$与$|\Delta_s|$相比较，由于$-K(p-c_v)\sigma^2>0$，故$|\Delta_s|>|\Delta|$，即选择分时租赁的消费者会延迟购车。又由于$|\Delta_s|>|\Delta|>|\tilde{\Delta}|$，所以网约车的存在是进一步延迟。结合命题 3 - 1，网约车存在时，短里程用户会选择网约车，若网约车不存在，短里程用户会选择分时租赁（由临界里程$|\Delta|$可知），所以网约车对分时租赁有竞争作用，证毕。

### （三）推论 3 - 2 的证明

首先，证明$p<h$时网约车不会取代分时租赁。虽然前文证明，部分消费者只在网约车与购车间进行选择［命题 3 - 1 (1)］，但不可能所有消费者都是如此。利用反证法，若所有消费者都不选择分时租赁，必然出现分时租赁交易成本小于网约车的情况，即$c<c_h$。但由于$p<h$，此时根据式（3 - 2）和式（3 - 3），$c<c_h$必然使得分时租赁的效用高于网约车，那么必然有消费者选择分时租赁，直至$c>c_h$。这与所有消费者都不选择分时租赁矛盾。故网约车不会取代分时租赁。这也证明了假设$c>c_h$的成立。

其次，证明不确定性的存在使得购车模式无法取代租车模式。前文已经证明，当不确定存在时，消费者按照命题 3 - 1 进行决策。消费者完全放弃租车，等同于任何行驶里程下消费者都会买车，即临界里程为 0。所以问题转化为讨论临界里程为 0 的条件。由于$c>c_h$必然使得$\frac{c-c_h}{h-p}>0$。所以，若某个消费者临界里程为 0 的情况成立，那么该消费者一定属于命题 3 - 1 (1) 的情况（临界里程 0 在$\left[0,\frac{c-c_h}{h-p}\right]$内，由推论 3 - 1 的证明可知，此时必然为该情况）。根据式（3 - 14）容易判断，只有$\sigma^2=0$且$c_h-f/N>0$时，$|\Delta_h|=0$（其他参数在取极限时也使$|\Delta_h|=0$，如$h$趋于无穷，但这不符合现实）。而$\sigma^2=0$表示不确定性没有影响，所以只有确定条件下消费者才会完全放弃租车。

再次，证明$p<h<c_v$是消费者放弃购车的必要条件。为了证明该结论，暂时放松$h>p>c_v$的假设。设租赁价格低于使用成本，即$c_v>h>p$。该变化不影响贝尔曼方程的建立以及后续的泰勒展开等处理，所以利用前述方法可以求得$|\check{\Delta}_h|=\dfrac{c_h-f/N\pm\sqrt{\sigma^2(h-c_v)(\theta-c_v)N+(c_h-f/N)^2}}{(c_v-h)}$和

$$|\check{\Delta}_s| = \frac{c - f/N \pm \sqrt{\sigma^2(\theta - c_v)(p - c_v)N - K(p - c_v)\sigma^2 + (c - f/N)^2}}{(c_v - p)}$$。分析上述临

界里程，当 $c_h - f/N < 0$ 时，由于 $h < c_v$，根号内的式子必然小于 $|f/N - c_h|$，故

$|\check{\Delta}_h|$ 分子必然小于 0。同理 $c - f/N < 0$ 时，$|\check{\Delta}_s| < 0$。临界里程小于 0 说明，

在定义域内不存在购车的临界点。故上述情况下，临界里程不存在。当 $c_h - f/$

$N > 0$ 或 $c - f/N > 0$ 时，若根号内的式子小于 0，临界里程不存在。求出根号内小

于 0 的条件容易发现，$c_v > h > p$ 包含了该条件。由于 $c_h - f/N > 0$ 或 $c - f/N > 0$

时，$c_v > h > p$ 中部分情况仍可能购车，故 $c_v > h > p$ 仅是必要条件。考虑到结论

清晰及可用性，仅总结必要条件即可，证毕。

## （四） 命题 3 - 2 的证明

命题 3 - 2 的证明思路为，通过单调性与上下界证明交点的存在。首先要

证明图 3 - 1 （a） 和 （b） 中 $c$ 与 $c_h$ 都是一一对应且均衡线 $c^*(c_h)$ 和 $c_h^*(c)$

为一增一减；然后证明两均衡线存在交点。

第一步，证明给定 $c$ 时网约车有且仅有一个均衡点且均衡线 $c_h^*(c)$ 为增。

根据前文分析，均衡线 $c_h^*(c)$ 上的点必然满足愿意参与人数等于实际参与人

数。故先求愿意参与人数与实际参与人数。由于推论 3 - 2 的证明中已推导 $c >$

$c_h$，且不可能所有消费者都选择网约车，这说明均衡一定满足命题 3 - 1 （2）

的情况 （即一定有人选分时租赁）。故根据命题 3 - 1 （2），给定 $c$，里程在

$\left(0, \dfrac{c - c_h}{h - p}\right]$ 范围内的消费者愿意参与，故愿意参与人数为 $m_h = \displaystyle\int_{-\frac{c - c_h}{h - p}}^{\frac{c - c_h}{h - p}} g(l)\,\mathrm{d}l$。

其导数 $\dfrac{\partial m_h}{\partial c_h} = -\dfrac{1}{h - p}\left(g\left(\dfrac{c - c_h}{h - p}\right) + g\left(-\dfrac{c - c_h}{h - p}\right)\right) < 0$。而 $c_h = \dfrac{km_h(1 + \gamma_h^2)}{2\mu_h(\mu_h - km_h)}$ 的反函

数即实际参与人数，且该式是关于 $m_h$ 的增函数。根据中值定理，$\exists \xi_h \in$

$\left(-\dfrac{c - c_h}{h - p}, \dfrac{c - c_h}{h - p}\right]$ 使得 $m_h = 2g(\xi_h)\dfrac{c - c_h}{h - p}$。均衡交易成本 $c_h^*$ 必然使愿意参与的

人数与实际参与的人数相等，故得到式 （3 - 18）。由于 $c > c_h$，故 $c_h = c$ 是上

界。而 $c_h = c$ 时，等式左边为 0，而右边必然大于 0 （$c_h \neq 0$ 时排队人数不为

0），而且 $c_h = 0$ 时，右边必然为 0，左边大于 0。又因为等式两边为一增一减，

故给定 $c$ 时网约车内部有且仅有一个均衡点 （$c_h^*$ 与 $c$ 一一对应）。又因为 $c$ 的

变化只影响等式左边，且明显随 $c$ 增大，等式左边为增，故 $c_h^*$ 关于 $c$ 的增函数（图像上，$c$ 的增大等式左边所代表曲线向上移，即图 3-1（b）中的减曲线向上移，故网约车均衡线为增）。

第二步，证明给定 $c_h$ 时分时租赁有且仅有一个均衡点且均衡线 $c^*(c_h)$ 为减。愿意参与人数为 $m_c = \int_{\frac{c-c_h}{h-p}}^{|\Delta_s|} g(l)\,\mathrm{d}l + \int_{-|\Delta_s|}^{-\frac{c-c_h}{h-p}} g(l)\,\mathrm{d}l$，导数 $\frac{\partial m_c}{\partial c} = \frac{\partial |\Delta_s|}{\partial c}(g(|\Delta_s|) + g(-|\Delta_s|)) - \frac{1}{h-p}\left(g\left(\frac{c-c_h}{h-p}\right) + g\left(-\frac{c-c_h}{h-p}\right)\right)$。

由求导可知，$\frac{\partial |\Delta_s|}{\partial c} = \frac{(c-c_h)(p-c_v)}{(h-p)A} + \frac{c-f/N}{A} - 1$，其中 $A = \sqrt{\sigma^2(\theta-c_v)(p-c_v)N - K(p-c_v)\sigma^2 + (c-f/N)^2}$。依该式子判断增减性，$\frac{c-c_h}{h-p} < \frac{f/N-c+A}{(p-c_v)}$ 时，$\frac{\partial |\Delta_s|}{\partial c}$ 为减，反之为增。因 $|\Delta_s| = \frac{f/N-c+A}{(p-c_v)}$，故减的条件为 $\frac{c-c_h}{h-p} < |\Delta_s|$。将命题 3-1(2)的条件 $V'\left(\frac{c-c_h}{h-p}\right) < N(v-c_v)$ 展开可知，该情况下必然有 $\frac{c-c_h}{h-p} < |\Delta_s|$。所以 $\frac{c-c_h}{h-p} > |\Delta_s|$ 不可能出现。所以此式必为减函数，且 $\frac{c-c_h}{h-p} < |\Delta_s|$ 决定了 $c$ 上界。又因为 $c = \frac{km_c(1+\gamma^2)}{2\mu(\mu-km_c)}$ 决定了实际参与人数，且为增函数。结合中值定理，$\exists \xi_1 \in \left[\frac{c-c_h}{h-p}, |\Delta_s|\right]$ 和 $\exists \xi_2 \in \left[-|\Delta_s|, -\frac{c-c_h}{h-p}\right]$ 使 $m_c = (g(\xi_1) + g(\xi_2))\left(|\Delta_s| - \frac{c-c_h}{h-p}\right)$。根据愿意参与人数等于实际参与人数，均衡交易成本 $c^*$ 时式（3-17）成立。由于交易成本 $c$ 的上限满足 $\frac{c-c_h}{h-p} < |\Delta_s|$，当 $c$ 为上限 $\left(\frac{c-c_h}{h-p} = |\Delta_s|\right)$ 时，左边为 0，而右边必然大于 0。而当 $c=0$ 时，右边式子对应消费者数量为 0（因为右边表示等待时间），而 $c=0$ 代入左边必然是大于 0 的。结合增减性可知，有且仅有一个交点。

接下来证明分时租赁的均衡线是关于 $c_h$ 的减函数。求导可证明，当 $\frac{h-p}{p-c_v} > \frac{A_1^2}{A_2^2}$，等式左边随着 $c_h$ 递减，其中 $A_1 = g\left(\frac{c-c_h}{h-p}\right) + g\left(-\frac{c-c_h}{h-p}\right)$ 和 $A_2 = g(|\Delta_s|) +$

$g(-|\Delta_s|)$。由于 $c^*(c_h)$ 为增时，均衡点也可能存在，故 $\dfrac{h-p}{p-c_v} > \dfrac{A_1^2}{A_2^2}$ 为充分条件。该条件下，随 $c_h$ 增加，图 3-1（a）中减曲线向下移，故均衡线为减函数（$c^*$ 随着 $c_h$ 递减）。

最后，上文已证明 $\dfrac{h-p}{p-c_v} > \dfrac{A_1^2}{A_2^2}$ 时，均衡线为一增一减，故只需证明两均衡线存在交点即可。首先在 $c_h=0$ 且 $c=0$ 处，网约车均衡等式（3-18）成立，故该点是网约车均衡点。又由于网约车的均衡线为增函数，故对于 $c>0$，均衡的 $c_h^*$ 必然大于 0。而对于分时租赁均衡线，当 $c_h=0$ 时，分时租赁的均衡交易成本 $c^*$ 必然大于 0［因为若 $c^*=0$，式（3-17）右边必然为 0，但左边大于 0，故该点必不是均衡点］。故 $c_h=0$ 时，分时租赁均衡线一定在图 3-1（c）的正轴上。又由于 $c^*(c_h)$ 是减函数，故 $c=0$ 时，一定有 $c_h>0$。因此，$\dfrac{h-p}{p-c_v} > \dfrac{A_1^2}{A_2^2}$ 时，两均衡线一定有且仅有一个均衡点。

另外，根据式（3-17）和式（3-18）以及命题 3-1 可知，均衡下消费者分别在短里程和中等里程时选择网约车与分时租赁，里程较大（超过临界里程）时购车。根据上述证明，均衡不可能存在于 $c_h=0$ 或 $c=0$ 处，故各模式是共存关系。综上，各模式间是互补共存关系（里程关系上互补）。又由于 $c<c_h$ 使式（3-18）左边为负，这不可能是均衡点，所以均衡必然使 $c>c_h$，这说明网约车与分时租赁分层关系是相对稳定的，证毕。

### （五）推论 3-3 的证明

根据假设，车辆的增加仅能改变系统的等待时间，而无法直接改变参与意愿。根据式（3-17）和命题 3-2 证明，均衡存在时交易成本的下降能增加分时租赁的愿意参与人数但存在上限（因交易成本变化存在上限，从图像上也可看出）。由于分时租赁交易成本不可能低于网约车，故分时租赁交易成本的下界为 $c=c_h$。式（3-17）左边为减函数，故代入 $c=c_h$，愿意参与分时租赁的人数上限为 $\tilde{m} = \dfrac{2(f/N-c_h+\sqrt{(p-c_v)N(\theta-c_v)\sigma^2+(c_h-f/N)^2})}{(p-c_v)}$。只有 $n<\tilde{m}$ 时，车辆数才有可能少于消费者数，此时消费者间才可能存在合并

效应。

与没有网约车的情况相比，由于网约车的存在会使得分时租赁短里程用户减少（竞争效应），但增加中等里程用户（延迟效应）。增加的消费者数量为 $\int_{|\Delta|}^{|\Delta_s|} g(l)\,\mathrm{d}l$，而减少的消费数量为 $\int_0^{\frac{c-c_h}{h-p}} g(l)\,\mathrm{d}l$，利用中值定理两者可表示为 $g(\xi_4)(|\Delta_s| - |\Delta|)$ 和 $g(\xi_5)\dfrac{c-c_h}{h-p}$。根据高德报告可知，短里程出行比例明显高于中长里程，故 $g(\xi_5) < g(\xi_6)$。又 $|\Delta_s| - |\Delta| - \dfrac{c-c_h}{h-p} < 0$，故网约车的存在使得分时租赁总消费者数量减少（$l$ 取负时情况也是如此，不赘述）。因此，当网约车不存在时，若分时租赁存在合并效应，不能说明网约车存在时分时租赁也存在合并效应，但是反过来是成立的。故 $\int_{-|\Delta|}^{|\Delta|} g(l)\,\mathrm{d}l > n$ 是分时租赁存在合并效应的必要条件。利用中值定理不等式为 $2g(\xi)|\Delta| > n$，故得到下式：

$$\frac{f/N - c^* + \sqrt{(p-c_v)N(\theta - c_v)\sigma^2 + (c^* - f/N)^2}}{(p - c_v)} > \frac{n}{2g(\xi)}.$$

对该式进行整理，可以得到 $c^* < f/N - \dfrac{(p-c_v)n^2 - 4N(\theta - c_v)\sigma^2 g(\xi)^2}{4ng(\xi)}$（该式反映参与意愿，即愿意接受的交易成本）。

又由于均衡状态下，且当参与人数恰好为 $n$ 时，$c^* = \dfrac{kn(1+\gamma^2)}{2\mu(\mu - kn)}$。将该式代入得 $\dfrac{kn(1+\gamma^2)}{2\mu(\mu - kn)} < f/N - \dfrac{(p-c_v)n^2 - 4N(\theta - c_v)\sigma^2 g(\xi)^2}{4ng(\xi)}$，证毕。

## （六）推论 3 - 4 的证明

在行驶里程确定的情况下，消费者选择行为较为简单，消费者要选择分时租赁必须满足两个条件，$(\theta - p)|l| - c > (\theta - h)|l| - c_h$ 且 $(\theta - p)|l| - c > (\theta - c_v)|l| - f/N$。由上两式可以得到 $\dfrac{c - c_h}{h - p} < |l| < \dfrac{c - f/N}{c_v - p}$。依据反证法，可证明均衡下必有 $\dfrac{c - c_h}{h - p} < \dfrac{c - f/N}{c_v - p}$。证明过程为，若 $\dfrac{c - c_h}{h - p} > \dfrac{c - f/N}{c_v - p}$ 成立，必然没有消费者选择分时租赁。此时，$c = 0$，代入有 $\dfrac{-c_h}{h - p} > \dfrac{f/N}{p - c_v}$，该式左边明显小于

0，右边大于 0，所以存在矛盾，故 $\dfrac{c-c_h}{h-p}<\dfrac{c-f/N}{c_v-p}$。由此，愿意参与分时租赁

的消费者数量为 $m_q = \displaystyle\int_{\frac{c-c_h}{h-p}}^{\frac{c-f/N}{c_v-p}} g(l)\,\mathrm{d}l + \int^{-\frac{c-c_h}{h-p}}_{-\frac{c-f/N}{c_v-p}} g(l)\,\mathrm{d}l$，利用中值定理有 $m_q =$

$(g(\xi_{q1})+g(\xi_{q2}))\left(\dfrac{c^*-f/N}{c_v-p}-\dfrac{c^*-c_h}{h-p}\right)$。根据合并效应的含义，$m_q > n$ 说明合并

效应存在，整理该式有 $c^* < \dfrac{(h-p)(c_v-p)n}{(h-c_v)(g(\xi_{q1})+g(\xi_{q2}))} + \dfrac{(h-p)f/N-(c_v-p)c_h}{(h-c_v)}$，

又由式（3-1），当系统中有 $n$ 个消费者时，$c^* = \dfrac{kn\,(1+\gamma^2)}{2\mu\,(\mu-kn)}$，故 $\dfrac{kn(1+\gamma^2)}{2\mu(\mu-kn)} <$

$\dfrac{(h-p)(c_v-p)n}{(h-c_v)(g(\xi_{q1})+g(\xi_{q2}))} + \dfrac{(h-p)f/N-(c_v-p)c_h}{(h-c_v)}$ 时合并效应存在，证毕。

## 二、第 4 章相关证明

### （一）命题 4-1 的证明

分析各模式的可行区域。在可行区域必须满足价格大于成本（即利润率大于 0），而且需求、利润均大于 0。根据表 4-1，容易发现利润均是大于 0 的，所以讨论各模式下价格和需求。

首先，销售模式下，令 $\hat{f}^* > C$，进行整理可以得到 $(1-c_e)-\gamma\,\dfrac{m}{R} > \dfrac{C}{\lambda}$。该式的含义是最大支付意愿的顾客所获得的效用应该大于成本。令 $\hat{D}_S^* > 0$，同样有 $(1-c_e)-\gamma\,\dfrac{m}{R} > \dfrac{C}{\lambda}$。所以销售模式可行的条件为 $(1-c_e)-\gamma\,\dfrac{m}{R} > \dfrac{C}{\lambda}$。其次，纯租赁模式下，令价格大于成本，可得 $(1-c_e)-\gamma\,\dfrac{m}{R} > \dfrac{\eta C}{a\lambda}$。该条件代入需求 $\hat{D}_L^*$，该条件也是需求大于 0 的条件。最后考虑混合模式，根据表 4-1 容易发现，混合模式下利润率大于 0 的条件与前面相同，即 $(1-c_e)-\gamma\,\dfrac{m}{R} > \dfrac{\eta C}{a\lambda}$ 且 $(1-c_e)-\gamma\,\dfrac{m}{R} > \dfrac{C}{\lambda}$。令 $D_{HS}^* > 0$，可以得到 $(1-c_e)-\gamma\,\dfrac{m}{R} > \dfrac{(1-\eta)C}{(1-a)\lambda}$；

令 $D_{HL}^* > 0$，可以得到 $a > \eta$。由于 $a = \eta$ 时，各条件恰好有一个交点，利用这个性质去除冗余条件可以得到命题中区域的划分。

其次，比较各区域内利润的大小。$\hat{\pi}_H - \hat{\pi}_S = \dfrac{C^2(a-\eta)^2}{4(1-a)a\lambda}$；$\hat{\pi}_H - \hat{\pi}_L =$

$\dfrac{(((c_e-1)R+\gamma m)(a-1)\lambda + CR(\eta-1))^2}{4\lambda R^2(1-a)}$；两式均大于 0，这说明在可行区域

内，混合模式利润必然更高。$\dfrac{\hat{\pi}_L}{\hat{\pi}_S} = \dfrac{(a((1-c_e)R-\gamma m)\lambda - \eta CR)^2}{a(((1-c_e)R-\gamma m)\lambda - CR)^2}$，$(1-c_e) -$

$\gamma \dfrac{m}{R} < \dfrac{\eta - \sqrt{a}}{a - \sqrt{a}} \dfrac{C}{\lambda}$ 时，纯租赁大于销售，反之则销售模式利润更大。又由于 $1 -$

$a > \sqrt{a} - a$ 且 $a = \eta$ 时该条件与其他条件有共同的交点，所以该条件实际上是冗余条件，即当 $\eta < a$ 时该条件包含了 $(1-c_e) - \gamma \dfrac{m}{R} < \dfrac{(1-\eta)C}{(1-a)\lambda}$（取交集时只取后者即可）。将所有条件进行整理，可以得到命题中条件。上述是没有补贴的情况，有补贴的情况仅是将 $C$ 替换为 $C - wR$，故不另外证明。为在命题包括所有情况，令 $K$ 在补贴时为 $C - wR$，不补贴时为 $C$，证毕。

## （二）命题 4－2 的证明

令 $D_S^*$ 与 $D_L^*$ 相减，$D_S^* - D_L^* = \dfrac{\eta - a}{2a\lambda}(C - wR)$。由此可知，$\eta < a$ 时，$D_S^* <$

$D_L^*$。令混合模式需求总量 $D_{HS}^* + D_{HL}^*$ 分别与 $D_S^*$、$D_L^*$ 相减可知，$D_{HS}^* + D_{HL}^* - D_S^* =$

$\dfrac{a-\eta}{2a\lambda}(C - wR)$ 和 $D_{HS}^* + D_{HL}^* - D_L^* = \dfrac{\eta}{a\lambda}(C - wR) > 0$。由此得到本命题中关于需求量的结论。接下来比较价格，由表 4－1 直接可知，混合模式的销售价格与租赁价格分别等于销售模式下销售价格和纯租赁模式下租赁价格。故只需比较租赁价格和销售价格，又由于销售价格是较长时段的总价格，故应该令 $a\lambda p$ 与

$f$ 相比。$f^* - p^* = \dfrac{(-(1+c_e)a - c_e + 1)\lambda R - (\eta-1)(C - wR)R - m\gamma\lambda(1+a)}{2R}$，

由该式整理可得：$(1-c_e) - \gamma \dfrac{m}{R} > \dfrac{(C-wR)(\eta-1) + 2a\lambda}{(a+1)\lambda}$。又由于本章中令

$z = (1-c_e) - \gamma \dfrac{m}{R}$，故得本命题，证毕。

### (三) 命题 4 - 3 的证明

销售模式下，消费者的剩余如下：

$$T_S = \frac{(((1-c_e)\lambda - C + W)R - \gamma\lambda m)^2}{8\lambda R^2} \tag{A2}$$

租赁模式下消费者的剩余如下：

$$T_L = \frac{((a(1-c_e)\lambda - \eta(C-W))R - a\gamma\lambda m)^2}{8a\lambda R^2} \tag{A3}$$

混合模式下消费者的剩余如下：

$$T_{HS} = T_S - \frac{(a-\eta)^2(C-W)^2}{8\lambda(1-a)^2} \tag{A4}$$

$$T_{HL} = \frac{(a-\eta)^2(C-W)^2}{8a\lambda(1-a)^2} \tag{A5}$$

令 $T_S$ 与 $T_L$ 进行比较，将 $T_S = \frac{\lambda}{8}\left(z - \frac{(C-W)}{\lambda}\right)^2$ 和 $T_L = \frac{a\lambda}{8}$ $\left(z - \frac{\eta}{a}\frac{(C-W)}{\lambda}\right)^2$ 代入 $\frac{T_S}{T_L} > 1$，可得 $z > \frac{\sqrt{a}-\eta}{(1-\sqrt{a})\sqrt{a}}\frac{(C-W)}{\lambda}$，故这是 $T_S > T_L$ 的条件。再令 $T_H$ 和 $T_S$ 进行比较，$T_H > T_S$（因 $a < 1$）。且 $T_H - T_L = \frac{(((c_e-1)(a-1)\lambda + (\eta-1)(C-W))R + \lambda\gamma m(a-1))^2}{8(1-a)\lambda R^2} > 0$，所以混合模式消费者剩余是最高的，销售模式和纯租赁模式的消费者剩余有一条临界线，证毕。

### (四) 命题 4 - 4 的证明

证明思路为将各平衡点代入式 (4 - 17)，可以得到各平衡点情况下的 $J(\hat{x}, \hat{y}_1, \hat{y}_2)$。然后根据其特征根是否具有实部，判断系统稳定性（丁同仁和李承治，2004）。式 (4 - 17) 中各项具体形式如下：

$$\frac{\partial F_1}{\partial x} = (D_{HS}(U-W) + D_{HL}(U-W\eta))(1-y_1-y_2) + y_1 D_S(U-W)$$
$$+ y_2 D_L(U-W\eta) - x((D_{HS}(U-W) + D_{HL}(U-W\eta))(1-y_1-y_2)$$
$$+ y_1 D_S(U-W) + y_2 D_L(U-W\eta)) - (1-x)U(y_2\hat{D}_L + y_1\hat{D}_S$$

$$+ (1 - y_1 - y_2)(\hat{D}_{HS} + \hat{D}_{HL})) + x(-(D_{HS}(U - W)$$

$$+ D_{HL}(U - W\eta))(1 - y_1 - y_2) - y_1 D_S(U - W) - y_2 D_L(U - W\eta)$$

$$+ U(y_2\hat{D}_L + y_1\hat{D}_S + (1 - y1 - y2)(\hat{D}_{HS} + \hat{D}_{HL}))) \tag{A6}$$

$$\frac{\partial F_1}{\partial y_1} = x(-D_{HS}(U - W) - D_{HL}(U - \eta W) + D_S(U - W))$$

$$- x(-D_{HS}(U - W) - D_{HL}(U - \eta W) + D_S(U - W))$$

$$- (1 - x)U(\hat{D}_S - \hat{D}_{HS} - \hat{D}_{HL})) \tag{A7}$$

$$\frac{\partial F_1}{\partial y_2} = x(-D_{HS}(U - W) - D_{HL}(U - \eta W) + D_L(U - \eta W))$$

$$- x(-D_{HS}(U - W) - D_{HL}(U - \eta W) + D_L(U - \eta W))$$

$$- (1 - x)U(\hat{D}_L - \hat{D}_{HS} - \hat{D}_{HL})) \tag{A8}$$

$$\frac{\partial F_2}{\partial x} = y_1(\pi_S - \hat{\pi}_S - y_1(\pi_S - \hat{\pi}_S) - y_2(\pi_L - \hat{\pi}_L) - (1 - y_1 - y_2)(\pi_H - \hat{\pi}_H))$$

$$\tag{A9}$$

$$\frac{\partial F_2}{\partial y_1} = x\pi_S + (1 - x)\hat{\pi}_S - y_1(x\pi_S + (1 - x)\hat{\pi}_S) - y_2(x\pi_L + (1 - x)\hat{\pi}_L)$$

$$- (1 - y_1 - y_2)(x\pi_H + (1 - x)\hat{\pi}_H) + y_1(-x\pi_S - (1 - x)\hat{\pi}_S$$

$$+ x\pi_H + (1 - x)\hat{\pi}_H) \tag{A10}$$

$$\frac{\partial F_2}{\partial y_2} = y_1(-x\pi_L - (1 - x)\hat{\pi}_L + x\pi_H + (1 - x)\hat{\pi}_H) \tag{A11}$$

$$\frac{\partial F_3}{\partial x} = y_2(\pi_L - \hat{\pi}_L - y_1(\pi_S - \hat{\pi}_S) - y_2(\pi_L - \hat{\pi}_L) - (1 - y_1 - y_2)(\pi_H - \hat{\pi}_H))$$

$$\tag{A12}$$

$$\frac{\partial F_3}{\partial x} = y_2(\pi_L - \hat{\pi}_L - y_1(\pi_S - \hat{\pi}_S) - y_2(\pi_L - \hat{\pi}_L) - (1 - y_1 - y_2)(\pi_H - \hat{\pi}_H))$$

$$\tag{A13}$$

$$\frac{\partial F_3}{\partial y_1} = y_2(-x\pi_S - (1 - x)\hat{\pi}_S + x\pi_H + (1 - x)\hat{\pi}_H) \tag{A14}$$

$$\frac{\partial F_3}{\partial y_2} = x\pi_L + (1 - x)\hat{\pi}_L - y_1(x\pi_S + (1 - x)\hat{\pi}_S) - y_2(x\pi_L + (1 - x)\hat{\pi}_L)$$

$$- (1 - y_1 - y_2)(x\pi_H + (1 - x)\hat{\pi}_H) + y_2(-x\pi_L - (1 - x)\hat{\pi}_L$$

$$+ x\pi_H + (1 - x)\hat{\pi}_H) \tag{A15}$$

首先，将平衡点 $(0, 0, 0)$ 代入式 $(4-17)$，由此得到：

$$J(0, 0, 0) = \begin{bmatrix} M_{HS} + M_{HL} & 0 & 0 \\ 0 & \hat{\pi}_S - \hat{\pi}_H & 0 \\ 0 & 0 & \hat{\pi}_L - \hat{\pi}_H \end{bmatrix} \quad (A16)$$

该矩阵的特征根分别为 $M_{HS} + M_{HL}$、$\hat{\pi}_S - \hat{\pi}_H$ 和 $\hat{\pi}_L - \hat{\pi}_H$。当三个特征根都为负数时，该平衡点为稳定的均衡策略（即 ESS）。后两个特征根为负的条件在命题 4-1 已经讨论过，此处讨论 $M_{HS} + M_{HL} < 0$ 的条件，该不等式化简可得：$(1 - c_e) - \gamma \dfrac{m}{R} > \dfrac{(a + \eta^2 - 2a\eta)(C - wR)}{a(1 - a)\lambda} + \dfrac{\eta U}{a\lambda}$。采用相同方法依次判断各平衡点的稳定性以及求稳定的条件。当 $(0, 0, 1)$ 时，对应特征根为 $D_L(U - \eta wR) - \hat{D}_L U$、$\hat{\pi}_S - \hat{\pi}_L$ 和 $\hat{\pi}_H - \hat{\pi}_L$。特征根为负的条件为 $(1 - c_e) - \gamma \dfrac{m}{R} > \dfrac{U + (C - wR)\eta}{a\lambda}$。当 $(0, 1, 0)$ 时，对应特征根为 $D_S(U - wR) - \hat{D}_S U$、$-\hat{\pi}_S + \hat{\pi}_L$ 和 $\hat{\pi}_H - \hat{\pi}_S$。特征根为负的条件为 $(1 - c_e) - \gamma \dfrac{m}{R} > \dfrac{U + C - wR}{\lambda}$。当 $(1, 0, 0)$ 时，特征根为 $-D_H(U - wR) + \hat{D}_H U$、$\pi_S - \pi_H$ 和 $\pi_L - \pi_H$；当 $(1, 0, 1)$ 时，特征根为 $-D_L(U - wR) + \hat{D}_L U$、$\pi_S - \pi_L$ 和 $\pi_H - \pi_L$。这两种情况下特征根为负的条件为 $(1 - c_e) - \gamma \dfrac{m}{R} < \dfrac{\eta}{a} \dfrac{U + C - wR}{\lambda}$。当 $(1, 1, 0)$ 时，特征根为 $-D_S(U - wR) + \hat{D}_S U$、$-\pi_S + \pi_L$ 和 $\pi_H - \pi_S$，特征根为负的条件为 $(1 - c_e) - \gamma \dfrac{m}{R} < \dfrac{U + C - wR}{\lambda}$。

将 $\left( -\dfrac{\hat{\pi}_H - \hat{\pi}_L}{-\pi_L + \hat{\pi}_L + \pi_H - \hat{\pi}_H}, 0, \dfrac{M_H}{M_H - M_L} \right)$ 代入 $J$ 并求特征根可得，该情况下特征根为 $\sqrt{A}$、$-\sqrt{A}$ 和 $-\dfrac{\pi_H \hat{\pi}_L - \pi_H \hat{\pi}_S - \hat{\pi}_H \pi_L + \hat{\pi}_H \pi_S + \pi_L \hat{\pi}_S - \hat{\pi}_L \pi_S}{-\pi_L + \hat{\pi}_L + \pi_H - \hat{\pi}_H}$。由于前两个特征根一定存在负实部。故该点为不稳定的平衡点。将 $\left( -\dfrac{-\hat{\pi}_S + \hat{\pi}_H}{-\pi_S + \hat{\pi}_S + \pi_H - \hat{\pi}_H}, \dfrac{M_H}{M_H - M_S}, 0 \right)$ 和 $\left( -\dfrac{\hat{\pi}_L - \hat{\pi}_S}{\pi_L - \hat{\pi}_L - \pi_S + \hat{\pi}_S}, \dfrac{M_L}{M_L - M_S}, -\dfrac{M_S}{M_L - M_S} \right)$ 代入 $J$ 可知，这两个点也有相同的情况。因此只有前面六个点是稳定均衡策略，即 ESS，证毕。

## 三、第 5 章相关证明

### （一）命题 5 - 1 的证明

根据逆向求解法则，首先求解最优价格，由于价格必须满足式（5-9），价格的上限被该约束决定，即 $f_e \leqslant (c_v - c_e)mT + \gamma\delta(R(T) - R(0)) + f_v$。由于对利润式（5-8）关于价格求导可知，利润关于价格为增。所以企业的最优价格是 $f_e = (c_v - c_e)mT + \gamma\delta(R(T) - R(0)) + f_v$。其次，给定衰减总额的情况下求解最优初始容量和衰减率。利用式（5-10），可得 $\delta = -\dfrac{2mT}{\Delta(\Delta - 2R_0)}$。再将价格代入利润可整理为如下形式：

$$\Pi_S = \left( -k_R R_0 + \frac{2k_\delta mT}{\Delta(\Delta - 2R_0)} + \frac{2\gamma mT}{\Delta - 2R_0} - mTc_e + mTc_v + f_v \right)D_l \qquad （A17）$$

该式的二阶导为 $\dfrac{\partial^2 \Pi_S}{\partial R_0^2} = \dfrac{16mT(\Delta\gamma_l + k_\delta)D_l}{\Delta(\Delta - 2R_0)^3}$，该式小于 0（由于衰减总量不可能大于初始容量，故 $\Delta < R_0$）。最优初始容量为 $R_0^* = \dfrac{\Delta^2 k_R + 2\sqrt{\Delta Tk_R m(\Delta\gamma_l + k_\delta)}}{2k_R\Delta}$，由 $\delta = -\dfrac{2mT}{\Delta(\Delta - 2R_0)}$ 可得：$\delta^* = \dfrac{k_R mT}{\sqrt{\Delta Tmk_R(\Delta\gamma_l + k_\delta)}}$。整理可得命题中最优解。将最优解代入式（A17），并求解最优衰减总量。由于二阶导小于 0，所以利润存在最大值 $\left( \dfrac{\partial^2 \Pi}{\partial \Delta^2} = -\dfrac{2T^3 k_R^3(\Delta\gamma_l + 3/4k_\delta)D_l(\Delta\gamma_l + k_\delta)m^3 k_\delta}{(\Delta Tmk_R(\Delta\gamma_l + k_\delta))^{5/2}} < 0 \right)$。将最优解代入并对式（A17）求导，可得最优衰减总量满足 $\dfrac{4Tm}{k_R\Delta^{*3}} = \Delta^*\dfrac{\gamma}{k_\delta^2} + \dfrac{1}{k_0}$，证毕。

### （二）推论 5 - 1 的证明

对最优决策求导，有 $\dfrac{\partial R_0^*}{\partial\gamma} = \dfrac{1}{2}\dfrac{\partial\Delta^*}{\partial\gamma} - \dfrac{1}{2}\dfrac{Tm\left(k_\delta\dfrac{\partial\Delta^*}{\partial\gamma} - \Delta^{2*}\right)}{k_R\Delta^*\sqrt{\dfrac{Tm(\Delta^*\gamma + k_\delta)}{k_R\Delta^*}}}$，由 $\dfrac{4Tm}{k_R\Delta^{*3}} = $

$\Delta^* \dfrac{\gamma}{k_\delta^2} + \dfrac{1}{k_\delta}$ 代入化简可得：$\dfrac{\partial R_0^*}{\partial \gamma} = \dfrac{1}{4} \dfrac{\partial \Delta^*}{\partial \gamma} + \dfrac{1}{4} \dfrac{\Delta^{2*}}{k_\delta}$。由本章命题 5 - 1 的分析可

知，$\dfrac{\partial \Delta^*}{\partial \gamma} < 0$。且利用 $\Delta^*$ 的等式进行隐函数求导，$\dfrac{\partial \Delta^*}{\partial \gamma} = -\dfrac{\Delta^{2*}}{4\Delta^* \gamma + 3k_\delta}$。将该

式代入 $\dfrac{\partial R_0^*}{\partial \gamma} = \dfrac{1}{4}\left( \dfrac{\Delta^{2*}}{k_\delta} - \dfrac{\Delta^{2*}}{4\Delta^* \gamma + 3k_\delta} \right)$，根据分母大小可知，该式大于 0。

$\dfrac{\partial(\delta^{*-1})}{\partial \gamma} = \dfrac{2\Delta^* \gamma \dfrac{\partial \Delta^*}{\partial \gamma} + k_\delta \dfrac{\partial \Delta^*}{\partial \gamma} + \Delta^{2*}}{2\sqrt{Tm(\Delta^* \gamma + k_\delta)k_R\Delta^*}}$，同样利用 $\dfrac{\partial \Delta^*}{\partial \gamma} = -\dfrac{\Delta^{2*}}{4\Delta^* \gamma + 3k_\delta}$ 化简可得：

$\dfrac{\partial(\delta^{*-1})}{\partial \gamma} > 0$。

计算导数 $\dfrac{\partial R_0^*}{\partial k_R} = \dfrac{1}{2} \dfrac{\partial \Delta^*}{\partial k_R} - \dfrac{1}{2} \dfrac{\sqrt{Tm}k_\delta}{\Delta^{*3/2}\sqrt{k_R(\Delta^* \gamma + k_\delta)}} \dfrac{\partial \Delta^*}{\partial k_R} - \dfrac{1}{2}$

$\dfrac{\Delta^{2*}T\gamma m - \Delta^* Tk_\delta m}{\Delta^{*3/2}k_R^{3/2}\sqrt{Tm(\Delta^* \gamma + k_\delta)}}$，由前文分析可知，$\dfrac{\partial \Delta^*}{\partial k_R} < 0$，而将 $\dfrac{4Tm}{k_R\Delta^{*3}} = \Delta^* \dfrac{\gamma}{k_\delta^2} +$

$\dfrac{1}{k_\delta}$ 代入，$\dfrac{\partial \Delta^*}{\partial k_R}$ 的系数可化简为 1/4。故 $\dfrac{\partial R_0^*}{\partial k_R} < 0$。而根据 $\delta^{*-1}$ 表达式，容易判断

$\dfrac{\partial(\delta^{*-1})}{\partial \gamma} < 0$。利用类似方法，可证明该推论中其他结论，证毕。

## （三） 推论 5 - 2 的证明

将利润率记为 $J_j$，即 $J_j = f_v + mT(c_v - c_e) - \dfrac{2\gamma_j mT}{2R_0 - \Delta} - \dfrac{2k_\delta mT}{\Delta(2R_0 - \Delta)} - k_R R_0$。

两种策略下利润比较可记为 $\Pi_{full} - \Pi_{half} = (J_l + \Delta J)(D_h + D_l) - J_l D_l$。令其大于

0，可得：$\dfrac{D_h + D_l}{D_l} > \dfrac{J_l}{J_l + \Delta J}$。将 $J$ 看作 $\gamma$ 的函数，求导可得：

$$\dfrac{\partial J}{\partial \gamma} = \left( \dfrac{T^2 m^2 k_R^2 k_\delta(\Delta\gamma + k_\delta)}{(Tmk_R\Delta(\Delta\gamma + k_\delta))^{3/2}} - \dfrac{k_R}{2} \right)\dfrac{\partial \Delta}{\partial \gamma} - \dfrac{T^2 m^2 k_R^2 \Delta^2(\Delta\gamma + k_\delta)}{(Tmk_R\Delta(\Delta\gamma + k_\delta))^{3/2}} \quad (A18)$$

由于 $\dfrac{4Tm}{k_R\Delta^{*3}} = \Delta^* \dfrac{\gamma}{k_\delta^2} + \dfrac{1}{k_\delta}$，对该式隐函数求导 $\dfrac{\partial \Delta}{\partial \gamma} = -\dfrac{\Delta^5 k_R}{\gamma\Delta^4 k_R + 12Tmk_\delta^2}$，将该

式代入化简，并利用 $\dfrac{4Tk_\delta^2 m}{k_R\Delta^{*3}} = \Delta^* \gamma + k_\delta$ 可得：$\dfrac{\partial J}{\partial \gamma} = -\dfrac{k_R\Delta^2}{2k_\delta}$。根据中值定理（该

函数为初等函数，定义域内必连续），必然存在 $\xi \in [\gamma_l, \gamma_h]$，使得式（A19）成立。

$$J_h - J_l = -\frac{k_R \Delta(\xi)^2}{2k_\delta}(\gamma_h - \gamma_l) \tag{A19}$$

因此，$\dfrac{D_h + D_l}{D_l} > J_l \Big/ \left( J_l - \dfrac{k_R \Delta(\xi)^{*2}}{2k_\delta}(\gamma_h - \gamma_l) \right)$ 为采用全覆盖策略的条件，

整理可得：$\dfrac{D_h}{D_h + D_l} J_l > \dfrac{k_R}{2k_\delta}(\gamma_h - \gamma_l)\Delta(\xi)^{*2}$，证毕。

## （四）命题 5 - 2 的证明

根据逆向求解，首先求解价格。根据式（5 - 13）可知，为了让消费者选择新能源分时租赁，租赁价格必须满足 $p < \dfrac{(a-1)\theta mT + c_v mT + f_v}{amT}$。由利润函

数求导可知，利润关于价格单调，所以租赁价格 $p = \dfrac{(a-1)\theta mT + c_v mT + F_v}{amT}$。

代入利润并整理可得：

$$\Pi_l = \left( f_v - mT(\theta - c_v - a(\theta - c_e)) - \frac{2\gamma a mT}{2R_0 - \Delta} - \eta\left( k_R R_0 - \frac{2mTk_\delta}{\Delta(\Delta - 2R_0)} \right) \right)D \tag{A20}$$

对该式进行求导可得到最优初始容量和衰减率，然后将最优容量与衰减率代入可求得最优衰减总量。该方法与命题 5 - 1 类似，故不赘述，证毕。

## （五）推论 5 - 3 的证明

由 $\dfrac{\partial R_0}{\partial \eta} = \dfrac{\Delta^{*3/2}\eta^{3/2}\sqrt{Tk_R m(\Delta^* a\gamma + \eta k_\delta)} - T\eta^2 k_\delta m}{2\Delta^{*3/2}\eta^{3/2}\sqrt{Tk_R m(\Delta^* a\gamma + \eta k_\delta)}} \dfrac{\partial \Delta^*}{\partial \eta} - \dfrac{a\gamma\sqrt{\Delta^* Tm}}{\eta^{3/2}\sqrt{k_R(\Lambda^* a\gamma + \eta k_\delta)}}$，

将 $\dfrac{4Tm}{k_R \Delta^{*3}} = \dfrac{a\gamma_m}{\eta k_\delta^2}\Delta^* + \dfrac{1}{k_\delta}$ 代入该式根号内，可以得到：$\dfrac{\partial R_0}{\partial \eta} = \dfrac{1}{4}\dfrac{\partial \Delta^*}{\partial \eta} - \dfrac{1}{4}\dfrac{\Delta^{*2}\gamma a}{\eta^2 k_\delta}$。

又由于 $\Delta^*$ 由隐函数 $\dfrac{4Tm}{k_R \Delta^{*3}} = \dfrac{a\gamma_m}{\eta k_\delta^2}\Delta^* + \dfrac{1}{k_\delta}$ 决定，利用隐函数求导并利用该等式化

简：$\dfrac{\partial \Delta^*}{\partial \eta} = \dfrac{\Delta^{*5}a\gamma k_R}{4\eta(a\gamma k_R\Delta^{*4} + 12T\eta mk_\delta^2)}$。所以 $\dfrac{\partial R_0}{\partial \eta} = \dfrac{1}{4}\dfrac{\Delta^{*5}a\gamma k_R}{4\eta(a\gamma k_R\Delta^{*4} + 12T\eta mk_\delta^2)} -$

$\dfrac{1}{4}\dfrac{\Delta^{2*}\gamma a}{\eta^{2}k_{\delta}}$。又由于 $4\eta Tmk_{\delta}^{2}=(a\gamma_{m}\Delta^{*}+\eta k_{\delta})k_{R}\Delta^{*3}$，代入有 $\dfrac{\partial R_{0}}{\partial\eta}=-\dfrac{1}{2}$

$\dfrac{\Delta^{*5}a\gamma k_{R}(2a\gamma\Delta^{*}+\eta k_{\delta})}{\eta^{2}k_{\delta}(a\gamma k_{R}\Delta^{*4}+12T\eta mk_{\delta}^{2})}$。故 $\dfrac{\partial R_{0}}{\partial\eta}<0$。由于 $\eta$ 越大，合并效应越小，故得相

应推论。类似地，对各变量求导，并利用 $\dfrac{4Tm}{k_{R}\Delta^{*3}}=\dfrac{a\gamma_{m}}{\eta k_{\delta}^{2}}\Delta^{*}+\dfrac{1}{k_{\delta}}$ 等式进行化简，

可以证明该推论的其他结论，证毕。

### （六）命题 5-3 的证明

对该模型中四个约束进行分析，具体分析过程为：首先第二和第三个约束一定是第三个约束为紧约束，因为若第二个为紧约束，第一个约束条件不能被满足；其次，后两个约束只有一个紧约束，因为若两个同时为紧，那么两类消费者购车效用相等，矛盾。由此可判断，第一和第三个约束为紧约束。故最优

价格为 $p=\dfrac{(a-1)\theta mT+c_{f}mT+F_{f}}{amT}$，$f=(c_{f}-c_{e})mT+\gamma\delta(R(T)-R(0))+f_{f}$。实

际上，由于本章考虑单产品，当第一个约束为紧约束时，第二和第三个约束都取等号。这也是为什么混合模式下价格与前两模式下价格相等的原因。

得到价格后，代入利润求二阶导可证明存在最大值，求一阶导即可得最优初始容量和衰减率。然后将最优解代入，求解最优衰减总量。具体过程与前相同，不赘述，证毕。

### （七）命题 5-5 的证明

将最优解代入销售模式下利润函数，整理可得如下形式：

$$\Pi_{S}^{full}=(D_{l}+D_{h})\left(-Tmc_{e}+Tc_{v}m+f_{v}-\dfrac{\Delta k_{R}}{2}-2\sqrt{\dfrac{Tk_{R}m(\Delta\gamma_{h}+k_{\delta})}{\Delta}}\right) \quad (A21)$$

将最优解代入纯租赁模式下利润函数，整理可得如下形式：

$$\Pi_{L}=(D_{h}+D_{l})\left(-Tmac_{e}+Tmc_{v}+(a-1)Tm\theta+f_{v}\right.$$

$$\left.-\dfrac{\Delta k_{R}\eta}{2}-2\sqrt{\dfrac{Tk_{R}m\eta(\Delta a\gamma_{m}+\eta k_{\delta})}{\Delta}}\right) \quad (A22)$$

将最优解代入混合模式下利润函数，整理可得如下形式：

$$\Pi_H = m(a-1)\theta T D_h - mc_e T(aD_h + D_l) + mc_v T(D_h + D_l) + f_v(D_h + D_l)$$

$$- \frac{\Delta k_R(\eta D_h + D_l)}{2} - 2\sqrt{\frac{k_R m T M(\Delta N + M k_\delta)}{\Delta}} \qquad (A23)$$

利用各式一一相减即可得到本命题。接下来证明图 5 - 2 中各曲线性态，此处主要证明随着 $\Delta$ 的减小销售模式会逐渐占优，而 $\Delta$ 增大时，纯租赁和混合模式占优。根据 $F_4$ 的函数形式可知，该函数为递减的直线（因 $\eta - 1 \leqslant 0$ 故为递减）。对 $F_1$、$F_2$ 和 $F_3$ 求极限，三条曲线均随着 $\Delta$ 的增大趋于恒定值。所以当 $\Delta$ 足够大必然有 $F_4$ 小于其他曲线。而且只有 $\Delta$ 足够小时，$F_4$ 才可能大于其他曲线。根据各曲线含义，可得到图 5 - 2 的相关结论，证毕。

## 四、第 6 章相关证明

### （一）第三方平台约束条件的推导

第三方平台有权利选择采购的数量、品种，而且第三方平台也不一定要按照制造商的要求实施细分策略（即平台可以只选择其中一种产品供给所有消费者）。但是制造商通过控制采购价格、产品品种和产品数量（细分策略决定了制造商向第三方提供两种产品，并且两种产品数量为 $\eta D_o$ 和 $\eta D_g$），可以控制第三方平台的决策。接下来逐步证明只要满足式（6 - 13）至式（6 - 16），制造商的产品线策略便能够实施。

首先，证明第三方平台虽然有权利选择采购数量，但只要式（6 - 13）和式（6 - 14）被满足，两种产品最优采购数量分别是 $\eta D_o$ 和 $\eta D_g$。对第三方平台的利润式（6 - 12）关于 $D_o$ 和 $D_g$ 求导，有 $\frac{\delta \pi_{Ly}}{\delta D_o} = (P_o - c)a\lambda - w_o\eta - \gamma\eta$ 和 $\frac{\delta \pi_{Ly}}{\delta D_g} = (P_g - c)a\lambda - w_g\eta - \gamma\eta$。化简式（6 - 13）和式（6 - 14）有 $(P_o - c)a\lambda - w_o\eta - \rho\eta \geqslant 0$ 和 $(P_g - c)a\lambda - w_g\eta - \rho\eta \geqslant 0$，故第三方利润关于 $D_o$ 和 $D_g$ 为增函数，所以第三方会尽量多地采购。又由于制造商提供的产品数量有限（因为细分策略下，制造商提供的两产品数量为 $\eta D_o$ 和 $\eta D_g$），因此，式（6 - 13）和式（6 - 14）被满足时，第三方平台的两产品采购数量一定是 $\eta D_o$ 和 $\eta D_g$。

其次，证明虽然第三方平台能够选择采购的品种（采购一种产品或采购两种），只要式（6-15）和式（6-16）被满足，第三方平台必然会采购两种产品。这是由式（6-15）和式（6-16）本身决定的，两约束右侧的含义是第三方平台实施细分策略的利润，左侧是第三方平台只采购一种产品的利润，所以两式成立即表示第三方会实施细分策略。另外，第三方平台实施的细分策略必然是与制造商的细分策略一致（即绿色品提供绿色消费者，普通品提供普通消费者）。这是由式（6-9）和式（6-10）决定的。联立式（6-9）和式（6-10），可得 $q_t^o \geq q_t^g$，即若第三方平台将绿色品提供给普通消费者，式（6-9）和式（6-10）不被满足，普通品亦是如此。综上，式（6-13）到式（6-16）被满足时，第三方平台必然会实施制造商的细分策略。$p_o'$ 和 $p_g'$ 表示第三方平台只经营其中一种产品时可以获取的最优租赁价格。由于只经营一种产品，其制定的价格只需让对应消费者参与，即分别满足 $\theta_t q_t^g + \theta_e q_e^g - \xi p_g' \geq 0$ 和 $\theta_t q_t^o - \xi p_o' \geq 0$ 即可，所以 $p_o' = \dfrac{\theta_t q_t^o}{\xi}$ 和 $p_g' = \dfrac{\theta_t q_t^g + \theta_e q_e^g}{\xi}$ 为经营单品种时的最优租赁价格。

## （二）表6-1的计算

销售模式下决策模型 [式（6-1）至式（6-5）] 实际上是一个具有约束的最优化问题，若直接转化为无约束问题不便求解，所以利用相关文献的解法（Chen C，2001），观察目标函数式（6-1）可知，利润关于价格 $f_o$ 和 $f_g$ 是单增的，所以在可行的价格范围内制造商会选择最大的价格，而价格的范围是由式（6-2）至式（6-5）所决定。将四个约束进行整理可得：

$$\lambda(\theta_t q_t^o - c) \geq \xi f_o \geq \lambda(\theta_t q_t^o - \theta_e q_t^o) - \lambda(\theta_t q_t^g - \theta_e q_t^g) + \xi f_g \quad (A24)$$

$$\lambda(\theta_t q_t^g + \theta_e q_e^g - c) \geq \xi f_g \geq \lambda \theta_t q_t^g - \lambda \theta_t q_t^o + \xi f_o \quad (A25)$$

对两式化简可知，$f_o$ 的上界为 $\dfrac{\lambda(\theta_t q_t^o - c)}{\xi}$，$f_g$ 的上界为 $\dfrac{\lambda(\theta_t q_t^g + \theta_e q_e^g - c)}{\xi}$。将 $f_o = \dfrac{\lambda(\theta_t q_t^o - c)}{\xi}$ 代入式（A25），化简得 $\lambda \theta_e q_e^g \geq 0$ [利用 $q_t^i + q_e^i = 1 (i \in \{o, g\})$ 化简]，该式与假设一致，故满足约束，这说明 $f_o^* = \dfrac{\lambda(\theta_t q_t^o - c)}{\xi}$ 即制造商产品

$o$ 的最优价格；但是将 $f_g = \dfrac{\lambda(\theta_t q_t^g + \theta_e q_e^g - c)}{\xi}$ 代入式（A24），化简有 $1 - q_t^o \leqslant 0$，与假设 $q_t^o < 1$ 矛盾。所以，式（A24）的 $\lambda(\theta_t q_t^g + \theta_e q_e^g - c) \geqslant \xi f_g$ 是松约束，而 $\xi f_o \geqslant \lambda(\theta_t q_t^o - \theta_e q_e^o) - \lambda(\theta_t q_t^g - \theta_e q_e^g) + \xi f_g$ 是紧约束。由于紧约束必然取等号（因为为了使该不等式成立，$f_g$ 能取的最大值即使不等式取等号的值），并将 $f_o^* = \dfrac{\lambda(\theta_t q_t^o - c)}{\xi}$ 代入，可得：$f_g^* = \dfrac{\lambda(\theta_t - \theta_e)q_t^g + \lambda\theta_e q_t^o - \lambda c}{\xi}$，这是 $f_g$ 所能够取的最大值，也是制造商最优的产品 $g$ 价格。

得到最优价格 $f_o^*$ 和 $f_g^*$ 后，代入目标函数式（6-1），因为环境质量与性能质量相加为 1，故只需求解性能质量 $q_t^{i*}$ 即可，所以对式（6-1）求一阶最优，并且 $\dfrac{\delta^2 \Pi_s}{(\delta q_t^i)^2} < 0$，$(i \in \{o, g\})$，故整理得到产品 $o$ 和产品 $g$ 的最优性能质量分别为 $q_t^{o*} = \dfrac{k_e}{k_t + k_e} + \dfrac{\lambda\theta_e D_g + \lambda\theta_t D_o}{(2\xi k_t + 2\xi k_e)D_o}$ 和 $q_t^{g*} = \dfrac{\lambda(\theta_t - \theta_e)}{2\xi k_t + 2\xi k_e} + \dfrac{k_e}{k_t + k_e}$（最优环境质量为 $1 - q_t^{o*}$ 和 $1 - q_t^{g*}$）。

自有平台的纯租赁模式下决策模型［式（6-6）至式（6-10）］是一个有约束的优化问题，采用销售模式相同的求解过程。首先，通过式（6-6）至式（6-10）判断产品 $o$ 和产品 $g$ 租赁价格 $p_o$ 和 $p_g$ 的范围，并通过其范围判断制造商可以采取的最优价格（由于利润关于价格单调，所以该模型仍然是取可行范围内的最高价格为最优），由于求解较为简单并且与销售模式的求解过程基本相同，故不再赘述。产品 $o$ 和产品 $g$ 的最优租赁价格为 $p_o^* = \dfrac{\theta_t q_t^o}{\xi}$ 和 $p_g^* = \dfrac{(\theta_t - \theta_e)q_t^g + \theta_e q_t^o}{\xi}$。其次，将最优价格代入目标函数式（6-6），并关于性能质量求一阶最优，并且易证明利润关于性能质量的二阶导为负数，故可求得普通品和绿色品的最优性能质量分别为 $q_t^{o*} = \dfrac{k_e}{k_t + k_e} + \dfrac{a}{\eta}\dfrac{\theta_e\lambda D_g + \theta_t\lambda D_o}{2(k_t + k_e)\xi D_o}$ 和 $q_t^{g*} = \dfrac{k_e}{k_t + k_e} + \dfrac{a}{\eta}\dfrac{(\theta_t - \theta_e)\lambda}{(k_t + k_e)2\xi}$。第三方平台下价格的求解与上述过程类似，都是由消费者自选择模型求解，该约束决定的价格实际上是企业能收取的最高价格，所以无论是否有第三方，租赁价格的求解都如上所述。混合模式下最优决策的求解过程也是通过类似过程求解，故不赘述，证毕。

### （三） 命题 6–1 的证明

由于环境质量和性能质量相加为 1，为比较销售模式与自有平台纯租赁模式下的平均环境质量，可以直接比较两模式下平均性能质量，有 $\bar{q}_t^S - \bar{q}_t^{Lx} = \dfrac{(\eta - a)\theta_t \lambda}{2\xi\eta(c_t + c_e)}$。由于其他参数均大于 0，当 $\eta < a$ 时，该式小于 0，纯租赁的平均性能质量高于销售模式，所以平均环境质量差于销售模式。当 $\eta > a$ 时，则纯租赁平均环境质量好于销售模式。

将混合模式的平均性能质量与销售模式、纯租赁模式的平均性能质量分别进行比较。首先计算混合模式下平均性能质量为：$\bar{q}_t^H = \dfrac{(\eta - a)\theta_e \lambda D_g + \lambda\theta_t(\eta D_o + a D_g)}{2\xi(c_e + c_t)\eta(D_o + D_g)} + \dfrac{c_e + c_e}{c_e + c_t}$（由于 $Hx$ 和 $Hy$ 求解结果相同，所以用 $H$ 表示两种混合模式），将该质量与其他模式中的平均质量进行相互比较，可以计算出 $\bar{q}_t^H - \bar{q}_t^S = \dfrac{D_g \lambda(\theta_t - \theta_e)(a - \eta)}{2\xi(c_t + c_e)\eta(D_g + D_o)}$、$\bar{q}_t^H - \bar{q}_t^{Lx} = \dfrac{\lambda(\theta_t D_o + \theta_e D_g)(\eta - a)}{2\xi(c_t + c_e)\eta(D_g + D_o)}$ 和 $\bar{q}_t^{Lx} - \bar{q}_t^S = \dfrac{\theta_t \lambda(a - \eta)}{2\xi(c_t + c_e)\eta}$。由于参数均为正数，观察即可以发现 $\eta = a$ 为一个临界点，当 $\eta > a$ 时，$\bar{q}_t^{Lx} < \bar{q}_t^H < \bar{q}_t^S$，当 $\eta < a$ 时，$\bar{q}_t^S < \bar{q}_t^H < \bar{q}_t^{Lx}$。综合两式，又因为平均性能质量与环境质量之和为 1，可得 $\min\{\bar{q}_e^{Lx}, \bar{q}_e^S\} < \bar{q}_e^H < \max\{\bar{q}_e^{Lx}, \bar{q}_e^S\}$，即混合模式平均环境质量总是介于自有平台和销售模式之间。

然后考虑价格的比较。将最优质量代入各模式下价格表达式并比较，由于销售价格是消费者使用 $\lambda$ 次汽车所支付的价格，而分时租赁价格是使用一次所支付的价格，所以比较 $\lambda p$ 与 $f$。令销售模式下两产品价格与对应租赁价格相减，可以得到：$f_o^S - \lambda p_o^{Lx} = -\dfrac{\lambda(\theta_t(D_g \theta_e + D_o \theta_t)(a - \eta)\lambda + 2cD_o\eta\xi(k_e + k_t))}{2\eta\xi^2(k_e + k_t)D_o}$。

由该式整理可得：当 $\dfrac{a}{\eta} < 1 - \dfrac{2cD_o\xi(k_e + k_t)}{\lambda\theta_t(D_g\theta_e + D_o\theta_t)}$ 时，$f_o^S > \lambda p_o^{Lx}$。令两式相减，$f_g^S - \lambda p_g^{Lx} = -\dfrac{\lambda((D_g\theta_e^2 + (\theta_t^2 + \theta_e^2 - \theta_e\theta_t)D_o)(a - \eta)\lambda + 2cD_o\eta\xi(k_e + k_t))}{2\eta\xi^2(k_e + k_t)D_o}$。由此可

知，当 $\dfrac{a}{\eta} < 1 - \dfrac{2cD_o\xi(k_e + k_t)}{\lambda(D_g\theta_e^2 + (\theta_t^2 + \theta_e^2 - \theta_e\theta_t)D_o)}$ 时，$f_g^S > \lambda p_g^{Lx}$。同理求出混合模式

与销售模式的价格关系。容易证明混合模式下售价与销售模式下售价相等 $f_o^S = f_o^H$。混合模式下产品 $g$ 租赁价格与销售模式下相应价格比较，当 $\dfrac{a}{\eta} <$

$$\dfrac{-(\theta_e^2 - \theta_e\theta_t + \theta_t^2)a\lambda D_o + 2aD_o\xi(\theta_e k_t + c(k_t + k_e)) + \theta_e(\lambda\theta_t - 2\xi k_t)D_o + \theta_e^2 D_g\lambda(1 - a)}{-a\lambda(\theta_e - \theta_t)^2 D_o}$$

时，混合模式与销售模式相比有 $f_g^S > \lambda p_g^H$。当 $\dfrac{a}{\eta} < 1 - \dfrac{2cD_o\xi(k_e + k_t)}{\lambda\theta_t(D_g\theta_e + D_o\theta_t)}$ 时，

混合模式与纯租赁模式相比有 $f_o^H > \lambda p_o^{Lx}$。令价格相减有 $p_g^H - p_g^{Lx} =$

$\dfrac{(((\lambda\theta_t + 2k_t\xi(a - 1))D_o + \lambda\theta_e D_g)\eta - a^2\lambda(D_g\theta_e + D_o\theta_t))\theta_e}{2\eta\xi^2(k_t + k_e)D_o a}$，故当 $\dfrac{a}{\eta} <$

$\dfrac{(\lambda\theta_t - 2k_t\xi(1 - a))D_o + \lambda\theta_e D_g}{a\lambda(D_g\theta_e + D_o\theta_t)}$ 时，$p_g^H > p_g^{Lx}$。上述价格分析较为冗长，由于

价格不是本章的重点，为了使结论较为清晰，故做如下总结：当 $\dfrac{a}{\eta} < 1 -$

$\dfrac{2cD_o\xi(k_e + k_t)}{\lambda\theta_t(D_g\theta_e + D_o\theta_t)}$ 时，普通消费者在销售和混合模式下支付价格较高，纯租赁

模式下支付价格较低；当 $\dfrac{a}{\eta} < 1 - \dfrac{2cD_o\xi(k_e + k_t)}{\lambda(D_g\theta_e^2 + (\theta_t^2 + \theta_e^2 - \theta_e\theta_t)D_o)}$ 时，绿色消费者

在销售模式下支付价格高于纯租赁模式，当 $\dfrac{a}{\eta} < \dfrac{(\lambda\theta_t - 2k_t\xi(1 - a))D_o + \lambda\theta_e D_g}{a\lambda(D_g\theta_e + D_o\theta_t)}$

时，绿色消费者在纯租赁模式下支付的价格要低于混合模式。

最后证明第三方平台的影响。由于混合模式下自有平台与第三方平台对比，容易看出平台并没产生影响。令平均质量相减容易证明第三方平台下产品的平均环境质量更低，而性能质量更高。令价格相减可得，$p_o^{Lx} - p_o^{Ly} =$

$-\dfrac{\theta_e^2 a D_g\lambda}{2\eta\xi^2(k_t + k_e)D_o}$，$p_g^{Lx} - p_g^{Ly} = -\dfrac{\theta_t^2 a D_g\lambda}{2\eta\xi^2(k_t + k_e)D_o}$，证毕。

### （四）命题 6 - 2 的证明

命题 6 - 2 证明思路为，将各模式下最优决策代入利润函数，利用相减的方式相互比较，即可得命题 6 - 2 中的条件。

将自有平台纯租赁模式与销售模式利润作差进行比较，令 $\varPi_{Lx} - \varPi_S = 0$ 并将使用成本 $c$ 作为因变量、合并效应系数 $\eta$ 作为自变量整理该式，可得临界线 $\dfrac{1-a\xi}{\xi}c = K_1(\eta)$，其中 $K_1(\eta)$ 为如下形式：

$$K_1(\eta) = \frac{1}{4\xi^2(k_t + k_e)\eta D_o \lambda}(D_g a^2 \lambda^2 \theta_e^2 + D_o a^2 \lambda^2 \theta_t^2 + 4D_o ak_e \eta \lambda \xi \theta_t$$
$$- 4D_o k_e k_t \eta^2 \xi^2 - 4D_o k_e \eta^2 \rho \xi^2 - 4D_o k_t \eta^2 \rho \xi^2 - D_g \eta \lambda^2 \theta_e^2$$
$$+ 4D_o k_e k_t \eta \xi^2 - 4D_o c \eta \lambda \xi \theta_t - D_o \eta \lambda^2 \theta_t^2) \qquad (A26)$$

同理，将第三方平台纯租赁模式与销售模式利润进行比较，利用同样方法求出临界线 $\dfrac{1-a\xi}{\xi}c = K_2(\eta)$，其中，$K_2(\eta)$ 为：

$$K_2(\eta) = \frac{1}{4\xi^2(k_t + k_e)\eta D_o \lambda (D_g + D_o)}(4D_g^2 a^2 \lambda^2 \theta_e^2 + D_g D_o a^2 \lambda^2 \theta_e^2$$
$$+ 2D_g D_o a^2 \lambda^2 \theta_e \theta_t + D_g D_o a^2 \lambda^2 \theta_t^2 + 4D_g D_o ak_e \eta \lambda \xi \theta_t - 4D_g D_o ak_t \eta \lambda \xi \theta_e$$
$$- 4D_g D_o k_e k_t \eta^2 \xi^2 - 4D_g D_o k_e \eta^2 \rho \xi^2 - 4D_g D_o k_t \eta^2 \rho \xi^2 + D_o^2 a^2 \lambda^2 \theta_t^2$$
$$+ 4D_o^2 ak_e \eta \lambda \xi \theta_t - 4D_o^2 k_e k_t \eta^2 \xi^2 - 4D_o^2 k_e \eta^2 \rho \xi^2 - 4D_o^2 k_t \eta^2 \rho \xi^2 - D_g^2 \eta \lambda^2 \theta_e^2$$
$$+ 4D_g D_o k_e k_t \eta \xi^2 - 4D_g D_o k_e \eta \lambda \xi \theta_t - D_g D_o \eta \lambda^2 \theta_e^2 - D_g D_o \eta \lambda^2 \theta_t^2$$
$$+ 4D_o^2 k_e k_t \eta \xi^2 - 4D_o^2 k_e \eta \lambda \xi \theta_t - D_o^2 \eta \lambda^2 \theta_t^2) \qquad (A27)$$

同理，将第三方平台与自有平台纯租赁利润相互比较，求出临界线，由于该临界线与 $c$ 无关，所以整理为如下形式：

$$\eta = \frac{3a\lambda \theta_e}{4k_t \xi}\frac{D_g}{D_o} + \frac{a\lambda \theta_t}{2k_t \xi} \qquad (A28)$$

将销售模式与混合模式相互比较，求出临界线 $\dfrac{1-a\xi}{\xi}c = K_3(\eta)$，其中，$K_3(\eta)$ 为：

$$K_3(\eta) = -\frac{1}{4\eta \xi^2(k_t + k_e)\lambda}(-a^2 \lambda^2 \theta_e^2 + 2a^2 \lambda^2 \theta_e \theta_t - a^2 \lambda^2 \theta_t^2 - 4ak_e \eta \lambda \xi \theta_t$$
$$- 4ak_t \eta \lambda \xi \theta_e + 4k_e k_t \eta^2 \xi^2 + 4k_e \eta^2 \rho \xi^2 + 4k_t \eta^2 \rho \xi^2 - 4k_e k_t \eta \xi^2$$
$$+ 4k_e \eta \lambda \xi \theta_t + 4k_t \eta \lambda \xi \theta_e + \eta \lambda^2 \theta_e^2 - 2\eta \lambda^2 \theta_e \theta_t + \eta \lambda^2 \theta_t^2) \qquad (A29)$$

将自有平台纯租赁模式与混合模式相互比较，得到临界线 $\dfrac{1-a\xi}{\xi}c = K_4(\eta)$，其中，$K_4(\eta)$ 为：

$$K_4(\eta) = \frac{1}{4\eta\xi^2(c_t + c_e)\lambda D_o^2}(D_g^2 a^2 \lambda^2 \theta_e^2 + 2D_g D_o a^2 \lambda^2 \theta_e \theta_t - 4D_g D_o a k_t \eta\lambda\xi\theta_e$$

$$+ D_o^2 a^2 \lambda^2 \theta_t^2 + 4D_o^2 a k_e \eta\lambda\xi\theta_t - 4D_o^2 k_e k_t \eta^2 \xi^2 - 4D_o^2 k_e \eta^2 \rho\xi^2 - 4D_o^2 k_t \eta^2 \rho\xi^2$$

$$- D_g^2 \eta\lambda^2 \theta_e^2 + 4D_g D_o k_t \eta\lambda\xi\theta_e - 2D_g D_o \eta\lambda^2 \theta_e \theta_t + 4D_o^2 k_e k_t \eta\xi^2$$

$$- 4D_o^2 k_e \eta\lambda\xi\theta_t - D_o^2 \eta\lambda^2 \theta_t^2) \qquad (A30)$$

将第三方平台纯租赁与混合模式比较，得到临界线 $\frac{1-a\xi}{\xi}c = K_5(\eta)$，其中，$K_5(\eta)$ 为：

$$K_5(\eta) = \frac{1}{4\eta\xi^2(k_t + k_e)\lambda D_o^2}(4D_g^2 a^2 \lambda^2 \theta_e^2 + 4D_g D_o a^2 \lambda^2 \theta_e \theta_t - 8D_g D_o a k_t \eta\lambda\xi\theta_e$$

$$+ D_o^2 a^2 \lambda^2 \theta_t^2 + 4D_o^2 a k_e \eta\lambda\xi\theta_t - 4D_o^2 k_e k_t \eta^2 \xi^2 - 4D_o^2 c_e \eta^2 \rho\xi^2$$

$$- 4Do^2 k_t \eta^2 \rho\xi^2 - D_g^2 \eta\lambda^2 \theta_e^2 + 4D_g D_o k_t \eta\lambda\xi\theta_e - 2D_g D_o \eta\lambda^2 \theta_e \theta_t$$

$$+ 4D_o^2 k_e k_t \eta\xi^2 - 4D_o^2 k_e \eta\lambda\xi\theta_t - D_o^2 \eta\lambda^2 \theta_t^2) \qquad (A31)$$

根据以上两两比较的条件，若制造商要选择销售模式，那么销售模式下利润必然要高于其他所有模式，故将各条件合并有 $\frac{1-a\xi}{\xi}c < \min(K_1(\eta), K_2(\eta), K_3(\eta))$。同理，选择自有平台模式的条件为 $\eta > \frac{3a\lambda\theta_e}{4k_t\xi}\frac{D_g}{D_o} + \frac{a\lambda\theta_t}{2k_t\xi}$ 且 $\frac{c(1-a\xi)}{\xi} > \max(K_1(\eta), K_4(\eta))$。选择第三方平台模式的条件为 $\eta < \frac{3a\lambda\theta_e}{4k_t\xi}\frac{D_g}{D_o} + \frac{a\lambda\theta_t}{2k_t\xi}$ 且 $\frac{c(1-a\xi)}{\xi} > \max(K_2(\eta), K_5(\eta))$。混合模式的条件为 $K_3(\eta) < \frac{c(1-a\xi)}{\xi} < \min(K_4(\eta), K_5(\eta))$，证毕。

### （五）图 6－2 中的曲线性态推导

为了证明图 6－2 的正确性，分析各临界线的性态。主要证明两点：（1）证明增减性；（2）证明交点从而判断相对位置。

首先证明增减性。虽然各临界线形式较为复杂，但是对 $K_j(\eta)$，$j \in \{1, 2, 3, 4, 5\}$ 进行整理可以发现，所有的临界线 $K_j(\eta) = \frac{A}{\eta} - B\eta + C$ 的形式，其中 $A$ 和 $B$ 是正常数，$C$ 是常数（各临界线系数各不相同，但是自变量前系数符号是确定的，由于系数的具体形式没必要讨论，考虑到篇幅所以不列出）。

求导可知 $K_j(\eta)$ 为减函数。又由于因变量 $c$ 的系数 $\dfrac{1-a\xi}{\xi}$ 可正可负，所以 $\xi < \dfrac{1}{a}$ 时（即价格敏感性较低时），临界线为减函数，$\xi > \dfrac{1}{a}$ 时（即价格敏感性较高时），临界线为增函数。

接下来证明各临界线之间的相互位置，主要是借助各临界线的交点。将 $\eta = \dfrac{3a\lambda\theta_e}{4k_t\xi}\dfrac{D_g}{D_o} + \dfrac{a\lambda\theta_t}{2k_t\xi}$（第三方与自有平台的临界）代入 $K_1(\eta)$、$K_2(\eta)$、$K_4(\eta)$、$K_5(\eta)$，利用 Maple 计算，可知：$K_4(\eta) - K_5(\eta) = 0$ 和 $K_1(\eta) - K_2(\eta) = 0$，即在 $\eta = \dfrac{3a\lambda\theta_e}{4k_t\xi}\dfrac{D_g}{D_o} + \dfrac{a\lambda\theta_t}{2k_t\xi}$ 处，$K_4(\eta)$ 与 $K_5(\eta)$ 相交，$K_1(\eta)$ 与 $K_2(\eta)$ 相交。

令 $K_5(\eta) = K_3(\eta)$，求出如下临界点：

$$\eta_1 = \frac{a^2\lambda(4D_g^2\theta_e + 4D_gD_o\theta_t - D_o^2\theta_e + 2D_o^2\theta_t)}{8D_gD_oak_t\xi + 4D_o^2ak_t\xi + D_g^2\lambda\theta_e - 4D_gD_ok_t\xi + 2D_gD_o\lambda\theta_t - 4D_o^2k_t\xi - D_o^2\lambda\theta_e + 2D_o^2\lambda\theta_t}$$

代入 $K_2(\eta)$ 可知，在该点 $K_2(\eta) = K_5(\eta) = K_3(\eta)$。

令 $K_1(\eta) = K_3(\eta)$，求出 $\eta_2 = \dfrac{a^2\lambda(D_g\theta_e - D_o\theta_e + 2D_o\theta_t)}{4D_oak_t\xi + D_g\lambda\theta_e - 4D_ok_t\xi - D_o\lambda\theta_e + 2D_o\lambda\theta_t}$ 代入 $K_4(\eta)$ 可知，在该点 $K_1(\eta) = K_4(\eta) = K_3(\eta)$。求出四个交点之后，接下来证明各临界线的相对位置，相对位置证明的基本原理是利用反证法排除逻辑上矛盾的情况。当 $\xi < \dfrac{1}{a}$ 时，对于 $K_1(\eta)$ 和 $K_2(\eta)$ 而言，在两者交点 $\eta = \dfrac{3a\lambda\theta_e}{4k_t\xi}\dfrac{D_g}{D_o} + \dfrac{a\lambda\theta_t}{2k_t\xi}$ 左边必然有 $K_1 > K_2$，其交点的右边有 $K_1 < K_2$。如若不然，根据临界线的含义可知，必然出现逻辑的矛盾。比如，若 $\eta < \dfrac{3a\lambda\theta_e}{4k_t\xi}\dfrac{D_g}{D_o} + \dfrac{a\lambda\theta_t}{2k_t\xi}$ 时，$K_1 < K_2$，此时必然存在点介于 $K_1$ 和 $K_2$ 之间（大于 $K_1$ 且小于 $K_2$），根据 $K_1$ 和 $K_2$ 代表的含义，可以推理，在这些点处，混合模式的利润高于第三方平台，但低于自有平台。但是又根据命题 6-2 的证明，$\eta < \dfrac{3a\lambda\theta_e}{4k_t\xi}\dfrac{D_g}{D_o} + \dfrac{a\lambda\theta_t}{2k_t\xi}$ 表示第三方平台模式的利润好于自有平台模式。所以前后相互矛盾。以此类推，排除所有矛盾的情况，可以推理各临界线的顺序如图 6-2 所示。结合临界线的上下顺序、交点情况和增减性可以画出典型的分区情况示意图（见图 6-2）。

## （六）命题 6-3 的证明

比较各模式下平均性能质量，从而推导平均环境质量的大小。将各模式平均质量两两相减有 $\bar{q}_H - \bar{q}_S = \dfrac{D_g \lambda (\theta_t - \theta_e)(a - \eta)}{2\xi (k_t + k_e) \eta (D_o + D_g)}$，故 $a - \eta = 0$ 是混合模式与销售模式的临界线。由于前文已经约定只讨论 $\theta_t - \theta_e > 0$ 的情况，所以，$a - \eta > 0$ 时，混合模式的性能质量高于销售模式，同时平均环境质量差于销售模式；$a - \eta < 0$ 时，混合模式的平均环境质量好于销售。由 $\bar{q}_H - \bar{q}_{Lx} = -\dfrac{\lambda (D_g \theta_e + D_o \theta_t)(a - \eta)}{2\xi (k_t + k_e) \eta (D_o + D_g)}$ 可知，$a - \eta = 0$ 是混合模式与自有平台纯租赁模式的临界线；由 $\bar{q}_H - \bar{q}_{Ly} = -\dfrac{(D_g (2a - \eta)\theta_e + \theta_t D_o (a - \eta))\lambda}{2\xi (k_t + k_e) \eta (D_o + D_g)}$ 可知，$\eta = \dfrac{a(2D_g \theta_e + D_o \theta_t)}{D_g \theta_e + D_o \theta_t}$ 是混合模式与第三方平台纯租赁模式的临界线；由 $\bar{q}_{Lx} - \bar{q}_S = \dfrac{\theta_t \lambda (a - \eta)}{2\xi (k_t + k_e) \eta}$ 可知，$a - \eta = 0$ 是自有平台与销售模式的临界线；由 $\bar{q}_{Lx} - \bar{q}_{Ly} = -\dfrac{D_g \lambda \theta_e a}{2\xi (k_t + k_e) \eta (D_o + D_g)}$ 可知，第三方平台的环境质量一定差于自有平台模式。由 $\bar{q}_S - \bar{q}_{Ly} = -\dfrac{((D_o + D_g)(a - \eta)\theta_t + D_g \theta_e a)\lambda}{2\xi (k_t + k_e) \eta (D_o + D_g)}$ 可知，$\eta = \dfrac{a(D_g \theta_e + D_g \theta_t + D_o \theta_t)}{\theta_t (D_o + D_g)}$ 是销售模式和第三方平台模式的临界线。各临界线之间有一部分有大小关系，即 $a < \dfrac{a(D_g \theta_e + D_g \theta_t + D_o \theta_t)}{\theta_t (D_o + D_g)} < \dfrac{a(2D_g \theta_e + D_o \theta_t)}{D_g \theta_e + D_o \theta_t}$（利用 $\theta_t - \theta_e > 0$ 化简容易求出该关系），根据临界线含义整理，可得命题 6-3，证毕。

## （七）命题 6-4 的证明

证明思路为，先计算各模式下具有"国六"排放约束的模型，求出约束下的最优解。然后代入利润函数，并与没有约束的利润函数比较，得出利润变化量。最后，通过考虑各模式利润变化量的差别，分析"国六"标准对商业模式的影响。

在各模式的模型中加入约束 $q_t^o \leq Q$，在原模型基础上将有约束化为无约束问题，容易解出各模式下质量最优解为 $\tilde{q}_t^{o*} = Q$ 且 $\tilde{q}_t^{g*}$ 保持不变。令 $\Delta Q =$

$\tilde{q}_t^{o*} - q_t^{o*}$，所以最优解可以表示为 $\tilde{q}_t^{o*} = q_t^{o*} + \Delta Q$，将该式代人各模式的利润函数，并相减可知"国六"必然造成利润损失，销售模式和混合模式下，利润损失量 $(k_t + k_e)\Delta Q^2 D_o$；纯租赁下利润损失量为 $\eta(k_t + k_e)\Delta Q^2 D_o$。

可以发现"国六"对各模式利润影响存在区别，一方面利润损失量表达式不同，另一方面各模式的 $\Delta Q$ 也不同。这两点共同影响了商业模式利润的相对变化。令 $\Delta Q_S$、$\Delta Q_{Lx}$、$\Delta Q_{Ly}$ 分别为销售模式、自有平台和第三方平台纯租赁模式，其中没有混合模式是因为混合模式的质量调整量与销售模式相同（因为两模式下普通品性能质量相同），另外 $\Delta Q_{Ly} > \Delta Q_{Lx}$（比较表 6 - 1 中求出的两模式最优性能质量，容易求出该不等式）。因此，令销售模式与自有平台模式相比，即 $(k_t + k_e)\Delta Q_S^2 D_o > \eta(k_t + k_e)\Delta Q_{Lx}^2 D_o$，可以求出 $\eta < \dfrac{\Delta Q_S^2}{\Delta Q_{Lx}^2}$，当该条件满足时，销售模式利润损失比自有平台模式多，而又因为在两模式临界线 $K_1$（命题 6 - 2 中的临界线）处必然有两模式利润相同，所以损失量决定了临界线的移动，推理可知 $\eta < \dfrac{\Delta Q_S^2}{\Delta Q_{Lx}^2}$ 时，"国六"的实施有利于销售模式转化为自有平台模式。以此类推，可以得到命题 6-4 中的结论，证毕。

### （八）命题 6 - 5 的证明

证明思路与命题 6 - 4 基本相同，主要是利用 K - T 条件求解结果更加复杂。

在将约束 $\dfrac{q_t^g D_g + q_t^o D_o}{D_g + D_o} \le Q_2$ 加入原模型，化为无约束问题后求解结果如下。

销售模式下，$\hat{q}_t^{g*} = \dfrac{2Q\xi k_e + 2Q\xi k_t - \lambda \theta_e}{2\xi(k_e + k_t)}$，$\hat{q}_t^{o*} = \dfrac{2Q\xi k_e D_o + 2D_o Q\xi c_t + \lambda \theta_e D_g}{2D_o \xi(k_e + k_t)}$，将两质量分别与原模型最优解相减可知两质量同时减少，$\Delta Q_S = \dfrac{(2Q - 2)\xi k_e + 2Q\xi k_t - \lambda \theta_t}{2\xi(k_e + k_t)}$。

自有平台纯租赁模式下，$\hat{q}_t^{o*} = \dfrac{2Q\xi k_e \eta D_o + 2Q\xi k_t \eta D_o + a\lambda \theta_e D_g}{2\eta D_o(k_e + k_t)}$，$\hat{q}_t^{g*} = \dfrac{2Q\xi k_e \eta + 2Q\xi k_t \eta - a\lambda \theta_e}{2\eta \xi(k_e + k_t)}$，代入计算 $\Delta Q_{Lx} = \dfrac{(2Q - 2)\xi \eta k_e + 2Q\xi k_t - a\lambda \theta_t}{2\eta \xi(k_e + k_t)}$。

第三方平台纯租赁模式下，产品 $o$ 最优质量决策为 $\hat{q}_t^{o*} =$

$$\frac{2Q\xi(k_e+k_t)\eta D_o^2+(2Q\xi(k_t+k_e)\eta+\theta_e a\lambda)D_o D_g+2a\lambda\theta_e D_g^2}{2\eta\xi D_o(k_e+k_t)(D_o+D_g)},$$ 产品 $g$ 最优质量决

策为：$\hat{q}_t^{g*} = \dfrac{2Q\xi(k_e+k_t)\eta(D_o+D_g)-(2D_g+D_o)a\lambda\theta_e}{2\eta\xi(k_e+k_t)(D_o+D_g)}$，代入计算 $\Delta Q_{Ly} =$

$$\frac{2\eta(D_o+D_g)((Q-1)k_e+Qk_t)\xi-a\lambda((\theta_t+\theta_e)D_g+\theta_t D_o)}{2\eta\xi(k_e+k_t)(D_o+D_g)}。$$

混合模式下，产品 $o$ 和产品 $g$ 最优质量决策为 $\hat{q}_t^{o*} =$

$$\frac{2Q\xi(k_e+k_t)\eta D_o^2+(2\xi((Qk_t+(Q-1)k_e)\eta+k_e)+(\theta_e a-\theta_t(a-1))\lambda)D_o D_g+\lambda\theta_e D_g^2}{2\xi D_o(k_e+k_t)(\eta D_o+D_g)}$$

和 $\hat{q}_t^{g*} = \dfrac{((2(Q+\eta-1)k_e+2Qk_t)\xi-\lambda(\theta_e a-\theta_t(a-1)))D_o+(2Q(k_e+k_t)\xi-\lambda\theta_e)D_g}{2\xi(k_e+k_t)(\eta D_o+D_g)}$，

且 $\Delta Q_H = \dfrac{(((2(Q-1)k_e+2Qk_t)\xi-\lambda\theta_e)D_g+2D_o(\xi((Q-1)k_e+Qk_t)-\frac{\lambda\theta_t}{2}))\eta+(\theta_e-\theta_t)a\lambda D_g}{2\xi(k_e+k_t)(\eta D_o+D_g)\eta}。$

接下来计算利润损失量，将最优解代入与原模型利润相减即可，比如销售

模式下，计算得出：利润损失量 $= \dfrac{(D_o+D_g)(\xi((Q-1)k_e+Qk_t)\eta-\frac{\theta_t\lambda}{2})^2}{\xi^2(k_e+k_t)}$，根

据 $\Delta Q_S = \dfrac{(2Q-2)\xi k_e+2Q\xi k_t-\lambda\theta_t}{2\xi(k_e+k_t)}$，利润损失量的分子与质量调整量分子有公

因式关系，整理得：利润损失量 $= \dfrac{\Delta Q_S^2(D_o+D_g)}{4(k_e+k_t)}$，依次类推，可得命题 6-5

形式。得出利润损失量之后，将各模式利润损失量进行比较（作除法），可得
CAFC 政策对商业模式的影响关系，证毕。

### （九）命题 6-6 的证明

为了比较两种政策对利润的影响，必须先统一质量调整量。令"国六"
政策下质量调整量为 $\Delta Q_1$，设调整后产品线的平均质量恰好等于 CAFC 规定的

平均质量，即 $Q_2 = \dfrac{(q_t^o-\Delta Q_1)D_o+q_t^g D_g}{D_o+D_g}$，计算该式有 $\Delta Q_1 = \dfrac{D_o+D_g}{D_o}(\bar{q}_t-Q_2)$，

该式的含义是，"国六"政策下质量调整量为 $\Delta Q_1 = \dfrac{D_o+D_g}{D_o}(\bar{q}_t-Q_2)$ 时，其

平均质量恰好等于 CAFC 规定的平均质量。将 $\Delta Q_1 = \dfrac{D_o + D_g}{D_o}(\bar{q}_t - Q_2)$ 代入"国六"政策下的利润损失量表达式中,并与 CAFC 政策下的利润损失量作除法,求解过程如下。

销售模式下"国六"利润损失量比上 CAFC 利润损失量为,
$\dfrac{(k_t + k_e)(\Delta Q_1^S)^2 D_o}{\dfrac{(\Delta Q_2^S)^2 (D_o + D_g)}{4(k_e + k_t)}}$,将 $\Delta Q_1^S = \dfrac{D_o + D_g}{D_o}(\bar{q}_t^S - Q_2)$ 和命题 6 – 5 证明中 $\Delta R_2^S$ 代入

计算有,$\dfrac{D_o + D_g}{D_o}$,该式大于 1,故"国六"政策下,利润损失更大。

用相同方法计算其他模式,自有平台纯租赁模式下为 $\dfrac{D_o + D_g}{\eta D_o}$;第三方平台模式下为 $\dfrac{D_o + D_g}{\eta D_o}$;混合模式下为 $\dfrac{\eta D_o + D_g}{\eta D_o}$。因此,在各种模式下,"国六"造成的利润损失量都大于 CAFC 政策,证毕。

# 参 考 文 献

[1] 曹国华, 杨俊杰. 政府补贴激励下消费者对新能源汽车购买行为的演化博弈研究 [J]. 经济问题探索, 2016, 37 (10).

[2] 曹霞, 邢泽宇, 张路蓬. 政府规制下新能源汽车产业发展的演化博弈分析 [J]. 管理评论, 2018, 30 (9).

[3] 陈志洪, 潘小军, 钟根元. 基于消费者认知的产品线策略 [J]. 系统管理学报, 2014, 23 (1).

[4] 成文, 王迎军, 高嘉勇, 张敬伟. 商业模式理论演化述评 [J]. 管理学报, 2014, 11 (3).

[5] 丁同仁, 李承治. 常微分方程教程 (第二版) [M]. 北京: 高等教育出版社, 2004.

[6] 高举红, 韩红帅, 侯丽婷, 王海燕. 考虑产品绿色度和销售努力的零售商主导型闭环供应链决策研究 [J]. 管理评论, 2015, 27 (4).

[7] 黄麟, 李湘黔, 孟斌斌. 改革背景下军民技术转移三阶演化博弈分析 [J]. 科技进步与对策, 2019, 36 (18).

[8] 黄毅祥, 蒲勇健, 孙衔华. 电动汽车分时租赁市场联盟定价博弈 [J]. 软科学, 2018, 32 (2).

[9] 黄毅祥, 蒲勇健. 新能源汽车分时租赁市场竞争的进化博弈模型研究 [J]. 中国管理科学, 2018, 26 (2).

[10] 江世英, 李随成. 考虑产品绿色度的绿色供应链博弈模型及收益共享契约 [J]. 中国管理科学, 2015, 23 (6).

[11] 赖雪梅, 聂佳佳. 考虑企业竞争的产品线延伸策略研究 [J]. 中国管理科学, 2022, 30 (6).

［12］李善良，左敏，朱道立．厂商产品线设计的委托代理分析［J］．中国管理科学，2005，13（1）．

［13］李勇建，许垒．租赁返回产品的回收再制造活动协调机制研究［J］．系统工程学报，2012，27（3）．

［14］柳键，万谧宇，周辉等．汽车制造商分时租赁模式采用及产品线策略研究［J］．运筹与管理，2022，31（12）．

［15］梁喜，熊中楷，陈树桢．零售与租赁混合渠道下的汽车制造商定价策略研究［J］．管理世界，2009（9）．

［16］梁喜，谢水清．双寡头市场下耐用品出租或销售问题的博弈分析［J］．华东经济管理，2011，25（1）．

［17］梁喜，熊中楷．汽车市场中租赁渠道对传统零售渠道的影响［J］．管理工程学报，2011，25（3）．

［18］刘会燕，戢守峰．考虑消费者绿色偏好的竞争性供应链的产品选择与定价策略［J］．管理学报，2017，14（3）．

［19］刘宇熹，谢家平．再制造下租赁产品服务系统节约共享契约研究［J］．中国管理科学，2016，24（3）．

［20］刘宇熹，谢家平，葛夫财．再制造下基于努力程度的产品租赁服务系统收益共享契约研究［J］．管理工程学报，2018，32（1）．

［21］潘峰，西宝，王琳．基于演化博弈的地方政府环境规制策略分析［J］．系统工程理论与实践，2015，35（6）．

［22］邵晓双，谭德庆．外部性效应对私家车市场租售策略的影响研究［J］．管理评论，2015，27（5）．

［23］石红波，邹维娜，许玉平．基于绿色技术的新能源汽车市场调查研究：以威海为例［J］．科技管理研究，2014，34（8）．

［24］石平，颜波，石松．考虑公平的绿色供应链定价与产品绿色度决策［J］．系统工程理论与实践，2016，36（8）．

［25］宋媛媛．补贴政策下的共享汽车"坟场"［DB/OL］．法治周末，https：//www.sohu.com/a/368401095_99923264，2020-01-22.

［26］孙迪，余玉苗．绿色产品市场中政府最优补贴政策的确定［J］．管理学报，2018，15（1）．

［27］万谧宇，柳键，程永生等. 汽车分时租赁下消费者出行模式选择行为分析［J］. 管理科学学报，2022，25（9）.

［28］万谧宇，柳键，张志坚等. 新能源汽车制造商分时租赁模式采用策略研究——基于商业模式比较的演化分析［J］. 中国管理科学，2023，31（2）.

［29］徐国虎，许芳. 新能源汽车购买决策的影响因素研究［J］. 中国人口·资源与环境，2010，20（11）.

［30］杨爱峰，王文婷，胡小建. 基于回收再制造的耐用品租赁/销售双渠道模型［J］. 系统工程，2016，34（1）.

［31］尹训东，许敏波. 耐用品垄断市场中的租赁与销售契约［J］. 中央财经大学学报，2017（11）.

［32］张海斌，盛昭瀚，孟庆峰. 新能源汽车市场开拓的政府补贴机制研究［J］. 管理科学，2015，28（6）.

［33］张雪梅，陈纲，冯帅. 政府参与的绿色产品设计策略［J］. 系统工程，2014，32（6）.

［34］张一进，张金松. 政府监管与共享单车平台之间的演化博弈［J］. 统计与决策，2017，30（2）.

［35］张玮琪，王沿胜，杨钊等. 考虑新能源、电动汽车充电站与储能协调优化的分布鲁棒规划方法研究［J］. 电力系统及其自动化学报，2023，35（8）.

［36］朱庆华，窦一杰. 基于政府补贴分析的绿色供应链管理博弈模型［J］. 管理科学学报，2011，14（6）.

［37］Abouee-Mehrizi H, Baron O, Berman O, et al. Adoption of electric vehicles in car sharing market ［J］. Production and Operations Management, 2021, 30（1）.

［38］Agrawal V V, Ferguson M, Toktay L B, et al. Is leasing greener than selling? ［J］. Management Science, 2012, 58（3）.

［39］Agrawal V V, Bellos I. The potential of servicizing as a green business model ［J］. Management Science, 2016, 63（5）.

［40］Agrawal V V, Kavadias S, Toktay L B. The limits of planned obsolescence for conspicuous durable goods ［J］. Manufacturing & Service Operations Management, 2016, 18 (2).

[41] Ahmad S, Wong K Y, Tseng M L, et al. Sustainable product design and development: a review of tools, applications and research prospects [J]. Resources, Conservation and Recycling, 2018, 132.

[42] Armstrong M, Vickers J, Zhou J. Prominence and consumer search [J]. The RAND Journal of Economics, 2009, 40 (2).

[43] Avci B, Girotra K, Netessine S. Electric vehicles with a battery switching station: adoption and environmental impact [J]. Management Science, 2014, 61 (4).

[44] Balasubramanian S, Bhattacharya S, Krishnan V V. Pricing information goods: a strategic analysis of the selling and pay-per-use mechanisms [J]. Marketing Science, 2015, 34 (2).

[45] Bellos I, Ferguson M, Toktay L B. The car sharing economy: Interaction of business model choice and product line design [J]. Manufacturing & Service Operations Management, 2017, 19 (2).

[46] Benjaafar S, Kong G, Li X, et al. Peer-to-peer product sharing: implications for ownership, usage, and social welfare in the sharing economy [J]. Management Science, 2018, 65 (2).

[47] Bhaskaran S R, Gilbert S M. Selling and leasing strategies for durable goods with complementary products [J]. Management Science, 2005, 51 (8).

[48] Bhaskaran S R, Gilbert S M. Implications of channel structure for leasing or selling durable goods [J]. Marketing Science, 2009, 28 (5).

[49] Bhaskaran S R, Gilbert S M. Implications of channel structure and operational mode upon a manufacturer's durability choice [J]. Production and Operations Management, 2015, 24 (7).

[50] Branco F, Sun M, Villas-Boas J M. Optimal search for product information [J]. Management Science, 2012, 58 (11).

[51] Bulow J I. Durable-goods monopolists [J]. Journal of Political Economy, 1982, 90 (2).

[52] Chen C. Design for the environment: a quality-based model for green

product development [J]. Management Science, 2001, 47 (2).

[53] Cirillo C, Xu R, Bastin F. A dynamic formulation for car ownership modeling [J]. Transportation Science, 2015, 50 (1).

[54] Coase R H. Durability and monopoly [J]. The Journal of Law and Economics, 1972, 15 (1).

[55] De Lapparent M, Cernicchiaro G. How long to own and how much to use acar? A dynamic discrete choice model to explain holding duration and driven mileage [J]. Economic Modelling, 2012, 29 (5).

[56] Desai P S, Purohit D. Leasing and selling: optimal marketing strategies for a durable goods firm [J]. Management Science, 1998, 44 (11).

[57] Desai P S, Purohit D. Competition in durable goods markets: the strategic consequences of leasing and selling [J]. Marketing Science, 1999, 18 (1).

[58] Desai P S. Quality segmentation in spatial markets: when does cannibalization affect product line design? [J]. Marketing Science, 2001, 20 (3).

[59] Desaulniers G, Errico F, Irnich S, et al. Exact algorithms for electric vehicle-routing problems with time windows [J]. Operations Research, 2016, 64 (6).

[60] Dixit A K, Pindyck R S. Investment under uncertainty [M]. Princeton: Princeton University Press, 1994.

[61] Einav L, Farronato C, Levin J. Peer-to-peer markets [J]. Annual Review of Economics, 2016, 8 (2).

[62] Essegaier S, Gupta S, Zhang Z J. Pricing access services [J]. Marketing Science, 2002, 21 (2).

[63] Fang Y, Wei W, Mei S, et al. Promoting electric vehicle charging infrastructure considering policy incentives and user preferences: an evolutionary game model in a small-world network [J]. Journal of Cleaner Production, 2020, 258.

[64] Flath C M, Ilg J P, Gottwalt S, et al. Improving electric vehicle charging coordination through area pricing [J]. Transportation Science, 2013, 48 (4).

[65] Gilbert S M, Randhawa R S, Sun H. Optimalper-use rentals and sales of durable products and their distinct roles in price discrimination [J]. Production and

Operations Management, 2014, 23 (3).

[66] Gouda S K, Jonnalagedda S, Saranga H. Design for the environment: impact of regulatory policies on product development [J]. European Journal of Operational Research, 2016, 248 (2).

[67] Grosse-Ophoff A, Hausler S, Heineke K, et al. How shared mobility will change the automotive industry [DB/OL]. McKinsey, https://www. mckinsey. com/ industries/automotive-and-assembly/our-insights/how-shared-mobility-will-change-the-automotive-industry, 2017 – 10 – 30.

[68] Guo L, Zhang J. Consumer deliberation and product line design [J]. Marketing Science, 2012, 31 (6).

[69] Guo L. Gathering information before negotiation [J]. Management Science, 2023, 69 (1).

[70] Hawkins A J. Car2Go thinks we'd rather share luxury Mercedes-Benzsedans than Smart cars [DB/OL]. Theverge, https://www. theverge. com/2017/1/30/ 14437770/car2go-daimler-mercedes-benz-cla-gla-carsharing, 2017 – 01 – 30.

[71] He L, Mak H Y, Rong Y, et al. Service region design for urban electric vehicle sharing systems [J]. Manufacturing & Service Operations Management, 2017, 19 (2).

[72] Hong Z, Guo X. Green product supply chain contracts considering environmental responsibilities [J]. Omega, 2019, 83 (3).

[73] Hong Z, Wang H, Gong Y. Green product design considering functional-product reference [J]. International Journal of Production Economics, 2019, 210.

[74] Hu Y, Wang Z, Li X. Impact of policies on electric vehicle diffusion: an evolutionary game of small world network analysis [J]. Journal of Cleaner Production, 2020, 265.

[75] Huizingh E K. Towards successful e-business strategies: a hierarchy of three management models [J]. Journal of Marketing Management, 2002, 18 (7).

[76] Jiang B, Tian L. Collaborative consumption: Strategic and economic implications of product sharing [J]. Management Science, 2016, 64 (3).

[77] Jin Q, Zhu M, Yang Y, et al. Consumer search with anticipated regret

[J]. Production and Operations Management, 2022, 31 (8).

[78] Ke T T, Shen Z J M, Villas-Boas J M. Search for information on multiple products [J]. Management Science, 2016, 62 (12).

[79] Ke T T, Villas-Boas J M. Optimal learning before choice [J]. Journal of Economic Theory, 2019, 180.

[80] Kim K, Chhajed D, Liu Y. Can commonality relieve cannibalization in product line design? [J]. Marketing Science, 2013, 32 (3).

[81] Koenigsberg O, Kohli R, Montoya R. The design of durable goods [J]. Marketing Science, 2011, 30 (1).

[82] Krishnan V, Lacourbe P. Designing product lines with higher aggregate environmental quality [J]. Working Paper, 2011.

[83] Ladas K, Kavadias S, Loch C. Product selling vs. pay-per-use service: a strategic analysis of competing business models [J]. Management Science, 2022, 68 (7).

[84] Li J, Yang X, Shi V, et al. Partial centralization in a durable-good supply chain [J]. Production and Operations Management, 2023 (4).

[85] Lim M K, Mak H Y, Rong Y. Toward mass adoption of electric vehicles: impact of the range and resale anxieties [J]. Manufacturing & Service Operations Management, 2014, 17.

[86] Lin Z. Optimizing and diversifying electric vehicle driving range for US drivers [J]. Transportation Science, 2014, 48 (4).

[87] Liu C, Huang W, Yang C, et al. The evolutionary dynamics of China's electric vehicle industry-taxes vs. subsidies [J]. Computers & Industrial Engineering, 2017, 113 (11).

[88] Liu Y, Cirillo C. A generalized dynamic discrete choice model for green vehicle adoption [J]. Transportation Research Part A: Policy and Practice, 2018, 114 (8).

[89] Liu L, Wang X H, Yu H. Sequential search with partial depth [J]. Economics Letters, 2022, 216.

[90] Luchs M, Swan K S. Perspective: the emergence of product design as a

field of marketing inquiry [J]. Journal of Product Innovation Management, 2011, 28 (3).

[91] Mak H Y, Rong Y, Shen Z J. Infrastructure planning for electric vehicles with battery swapping [J]. Management Science, 2013, 59 (7).

[92] Netessine S, Taylor T A. Product line design and production technology [J]. Marketing Science, 2007, 26 (1).

[93] Pangburn M S, Stavrulaki E. Take back costs and product durability [J]. European Journal of Operational Research, 2014, 238 (1).

[94] Porter M E. What is strategy? [J]. Harvard Business Review, 1996, 74 (6).

[95] Qi L, Sawhill J. How durable should durable products be made under different scenarios of technological advance? [J]. International Journal of Production Economics, 2014, 156 (1).

[96] Raz G, Druehl C T, Blass V. Design for the environment: life-cycle approach using a newsvendor model [J]. Production and Operations Management, 2013, 22 (4).

[97] Shugan S M, Moon J, Shi Q, et al. Product line bundling: why airlines bundle high-end while hotels bundle low-end [J]. Marketing Science, 2017, 36 (1).

[98] Sioshansi R. Modeling the impacts of electricity tariffs on plug-in hybrid electric vehicle charging, costs, and emissions [J]. Operations Research, 2012, 60 (3).

[99] Steeneck D W, Sarin S C. Product design for leased products under remanufacturing [J]. International Journal of Production Economics, 2018, 202.

[100] Stewart D W, Zhao Q. Internet marketing, business models, and public policy [J]. Journal of Public Policy & Marketing, 2000, 19 (2).

[101] Struben J, Sterman J D. Transition challenges for alternative fuel vehicle and transportation systems [J]. Environment and Planning B: Planning and Design, 2008, 35 (6).

[102] Su J C P, Wang L, Ho J C. The impacts of technology evolution on

market structure for green products [J]. Mathematical and Computer Modelling, 2012, 55 (3).

[103] Subramanian R, Gupta S, Talbot B. Product design and supply chain coordination under extended producer responsibility [J]. Production and Operations Management, 2009, 18 (3).

[104] Sundararajan A. Nonlinear pricing of information goods [J]. Management Science, 2004, 50 (12).

[105] Tian L, Jiang B. Effects of consumer-to-consumer product sharing on distribution channel [J]. Production and Operations Management, 2018, 27 (2).

[106] Villas-Boas J M, Miguel J. A dynamic model of repositioning [J]. Marketing Science, 2018, 37 (2).

[107] Weber T A. Intermediation in a sharing economy: insurance, moral hazard, and rent extraction [J]. Journal of Management Information Systems, 2014, 31 (3).

[108] Weber T A. Product pricing in a peer-to-peer economy [J]. Journal of Management Information Systems, 2016, 33 (2).

[109] Widrick R S, Nurre S G, Robbins M J. Optimal policies for the management of an electric vehicle battery swap station [J]. Transportation Science, 2016, 52 (1).

[110] Yan P, Pei J, Chinchuluun A. Strategic decisions of sales and pay-per-use rentals under incomplete product availability [J]. Journal of Global Optimization, 2020, 78 (1).

[111] Yu Y, Dong Y, Guo X. Pricing for sales and per-use rental services with vertical differentiation [J]. European Journal of Operational Research, 2018, 270 (2).

[112] Zervas G, Proserpio D, Byers J W. The rise of the sharing economy: estimating the impact of Airbnb on the hotel industry [J]. Journal of Marketing Research, 2017, 54 (5).

[113] Zhang L, Wang J, You J. Consumer environmental awareness and channel coordination with two substitutable products [J]. European Journal of Opera-

tional Research, 2015, 241 (1).

[114] Zhang X, Xu X, He P. New product design strategies with subsidy policies [J]. Journal of Systems Science and Systems Engineering, 2012, 21 (3).

[115] Zhang Y, Hafezi M, Zhao X, et al. The impact of development cost on product line design and its environmental performance [J]. International Journal of Production Economics, 2017, 184 (1).

[116] Zhang Y, Huang M, Tian L, et al. Manufacturer's product line selling strategy and add-on policy in product sharing [J]. European Journal of Operational Research, 2023, 308 (3).

[117] Zhou W, Chao X, Gong X. Optimal uniform pricing strategy of a service firm when facing two classes of customers [J]. Production and Operations Management, 2014, 23 (4).

[118] Zhu Q, Dou Y. Evolutionary game model between governments and core enterprises in greening supply chains [J]. Systems Engineering – Theory & Practice, 2007, 27 (12).

[119] Zhu W, He Y. Green product design in supply chains under competition [J]. European Journal of Operational Research, 2017, 258 (1).

[120] Zolfagharinia H, Zangiabadi M, Hafezi M. How much is enough? Government subsidies in supporting green product development [J]. European Journal of Operational Research, 2023, 309 (3).

[121] Zott C, Amit R, Massa L. The business model: recent developments and future research [J]. Journal of Management, 2011, 37 (4).